Contra toda censura

GUSTAVO MAULTASCH

CONTRA TODA CENSURA

PEQUENO TRATADO SOBRE A LIBERDADE DE EXPRESSÃO

COPYRIGHT © FARO EDITORIAL, 2022

Todos os direitos reservados.
Nenhuma parte deste livro pode ser reproduzida sob quaisquer meios existentes sem autorização por escrito do editor.

Avis Rara é um selo de Ciências Sociais da Faro Editorial.

Diretor editorial **PEDRO ALMEIDA**
Coordenação editorial **CARLA SACRATO**
Assistente editorial **JESSICA SILVA**
Preparação **TUCA FARIA**
Revisão **CRIS NEGRÃO**
Capa **OSMANE GARCIA FILHO**
Diagramação **CRISTIANE SAAVEDRA | SAAVEDRA EDIÇÕES**

Dados Internacionais de Catalogação na Publicação (CIP)
Jéssica de Oliveira Molinari CRB-8/9852

Maultasch, Gustavo.
    Contra toda censura / Gustavo Maultasch. — São Paulo : Avis Rara, 2022.
    224 p.

    ISBN 978-65-5957-192-5

    1. Liberdade de expressão 2. Ciências sociais 3. Política e governo I. Título

22-1877   CDD 342.085

Índice para catálogo sistemático:
1. Liberdade de expressão

1ª edição brasileira: 2022
Direitos de edição em língua portuguesa, para o Brasil, adquiridos por FARO EDITORIAL.

Avenida Andrômeda, 885 — Sala 310
Alphaville — Barueri — SP — Brasil
CEP: 06473-000
www.faroeditorial.com.br

À minha avó materna, sobrevivente do Holocausto

À minha avó paterna, dissidente do coronelismo

Por terem me ensinado, com o exemplo de suas
vidas, o valor da Liberdade.

Sumário

INTRODUÇÃO 11

1. DEFENDENDO O INIMIGO 13

O dilema do censor – O que é a Liberdade de Expressão – Jornalistas negros convidam supremacistas brancos para um debate – Judeus defendem marcha de nazistas

2. O PARADOXO DO OPRIMIDO 25

Leis contra "discurso de ódio" – Consequências não-intencionais – Frederick Douglass, Luiz Gama, Martin Luther King Jr. – Quem não tem poder joga com princípios – A Liberdade de Expressão do extremista como proteção à nossa Liberdade de Expressão

3. QUEM ADJUDICA? (QUEM DECIDE O QUE É CERTO?) 35

As justificativas para a Liberdade de Expressão – O valor existencial da Liberdade de Expressão – Riscos de tirania – Émile Zola condenado por difamação – Leis feministas antipornografia prejudicam gays e lésbicas – O problema da ambiguidade linguística – Cuenca, Bolsonaro, Boulos e Freixo – Instrumento para outras liberdades – Weimar, discurso de ódio e ascensão do nazismo

4. "O LIMITE É A LEI", O "PARADOXO DA TOLERÂNCIA" E OUTROS SONAMBULISMOS 55

"O limite é a lei" – Apologia ao crime – "Você pode ser responsabilizado depois" – William Blackstone e a censura prévia – O paradoxo da tolerância e a ambiguidade de Popper

5. "FOGO!" E A PRIMEIRA EMENDA AMERICANA 67

Expressão e conduta – A Constituição americana e a Primeira Emenda – Holmes e o "fogo!" – A proibição de discursos com "tendência negativa" – O voto dissidente de Holmes – A KKK e o caso *Brandenburg v. Ohio* (1969) – Inconsistências na tese da "tendência negativa"

6. INCITAÇÃO À VIOLÊNCIA, AMEAÇA E OUTROS LIMITES ACEITÁVEIS 83

Situação emergencial de violência – Palavras de briga – Ameaças falsas e reais – Neutralidade de ponto de vista – Intimidade e privacidade – Difamação e "honra" – A narrativa autoritária das "palavras que ferem" – Alguns limites adicionais – O humor entre a liberdade e a incompreensão

7. POR QUE GOSTO DO TERRAPLANISMO 101

O mérito do terraplanismo – *Areopagitica* e razão epistemológica – Ciência, falibilidade e humildade – Racismo científico, Tuskegee, Kentler e outras fraudes – Ciência como álibi para o messianismo autoritário da tecnocracia – A pandemia de covid-19 como a Disneylândia da vanguarda – O "autoritarismo necessário" dos "democratas" – O "tudo é política" destrói a credibilidade da ciência

8. DEMOCRACIA E O GAMBITO DA LIBERDADE DE EXPRESSÃO   123

O que é um país livre – Democracia como meio para a Liberdade – O "ataque às instituições" como álibi dos novos censores – Uma curiosa celebração de ditadura democida na Câmara – Violência política e psicose semiótica – O gambito da Liberdade de Expressão

9. MÍDIAS: TECNOLOGIAS DA LIBERDADE, ESPERNEIOS DA VANGUARDA   139

O Mágico de Oz – Novas mídias como novas topologias de comunicação – Rompimento da comunicação para a legitimação da vanguarda – A histeria da vanguarda com a perda do seu distanciamento esplêndido – Gutenberg, McLuhan, Meyrowitz e Zuckerberg – A prensa móvel e a Reforma Protestante – A revolta narcísica da vanguarda – As *fake news* do bem e outras imposturas para silenciamento de adversários

10. O CATIVEIRO DA BONDADE   165

O fim do consenso pró-liberdades no pós-redemocratização – Incapacidade treinada – A vanguarda e a Democracia Tutelada – O "cancelamento" como anulação do devido processo legal – Censura via justiçamento e boicote secundário – Reginald Bryant e a Liberdade de Expressão como confiança na sociedade.

AGRADECIMENTOS   173

NOTAS   175

Introdução

1

Há épocas históricas em que nada acontece: a vida passa em paz, naquela monotonia sublime de quem cochila durante a viagem por uma rota cênica. E há momentos na história em que as coisas se revolvem, mudam, giram, invertem-se, como se estivéssemos capotando na estrada; estão sentindo o carro rodar? Estão sentindo a turbulência, a pressão no corpo, a dor no pescoço?

Muitos não estão nem sentindo, ou talvez estejam até gostando; talvez não sintam o perigo porque ele ainda se encontra mais no espírito do tempo – no clima das ideias – do que propriamente no conjunto das ações concretas da história: quantas pessoas realmente foram presas por dizerem o que pensam? Quantas pessoas realmente são censuradas? São poucas, dizem. Ou ainda: se alguém foi preso ou censurado é porque provavelmente disse mesmo "algo que não devia", fez "discurso de ódio", propagou *fake news*, promoveu ideias "negacionistas", "anticientíficas", "antidemocráticas", ou "atacou" as instituições; então por que tanto "choro" e reclamação? Ainda é pouco para nos preocuparmos – dizem os inocentes, os incautos e, evidentemente, alguns mal-intencionados.

Escrevi este livro com dois objetivos em mente. O primeiro, ligar o alerta de que vivemos numa época de grande reversão, em que o antigo consenso pós-redemocratização em prol das liberdades fundamentais, em especial da Liberdade de Expressão, encontra-se enfraquecido e sob forte ameaça. É crescente o número de pessoas que têm abandonado o princípio fundamental da Liberdade de Expressão para aderir à crença no debate público tutelado, na ideia de que um debate público saudável é aquele em que uma classe superior detém poder para determinar, em nome do "bem", aquilo que pode ou não pode ser dito.

O segundo objetivo é fazer uma defesa da ampla Liberdade de Expressão, com alguns argumentos novos e outros já consagrados, na expectativa de que possamos retomar a sua defesa em bases mais sólidas. Há muitas ideias vis, cruéis, imorais, ofensivas ou simplesmente erradas no debate público, mas essas ideias devem ser julgadas e combatidas com outras ideias, com ideias melhores, e nunca por meio da proibição, da censura, ou do silenciamento via a perseguição justiceira das hordas; e elas devem ser contestadas por nós, cidadãos e indivíduos, por nosso livre-pensar e livre-manifestar, e nunca por meio de órgãos do estado, de ministérios da verdade, ou outras instituições paternalistas que se julgam superiores e que assim se arrogam a função de determinar aquilo que podemos ler ou ouvir.[1]

2

Antes de seguirmos adiante, preciso dar um aviso. Muito embora eu faça algumas referências ocasionais a leis nacionais e a decisões dos nossos tribunais, este livro não é um manual jurídico nem uma apresentação acadêmica do tema.

Meu objetivo aqui não é descrever como o governo brasileiro regula a Liberdade de Expressão atualmente, em especial porque a visão hoje cristalizada em lei (e validada pelos tribunais) é uma visão demasiado paternalista e tutelada do debate público, a qual minimiza a autonomia individual, desconfia da nossa maturidade em conduzir-nos no ecossistema de informação e, por isso, não corresponde aos anseios por maior liberdade do nosso país.

Lei sozinha nenhuma sustenta a liberdade sem o apoio das consciências e da cultura. Além de pensarmos e discutirmos as leis, precisamos promover as ideias da liberdade, para assim conquistarmos corações e mentes. Espero que o livro contribua para esse debate, apresentando uma forma mais livre e menos tutelada de se pensar a Liberdade de Expressão.

JULHO DE 2022.

1. Defendendo o inimigo

1

Como o escritor Phil Kerby disse certa vez, "a censura é o impulso mais forte da natureza humana; em segundo lugar, bem distante, vem o sexo".[1] A libido censória, esse ímpeto de querer silenciar os outros – via censura estatal ou coerção social –, é de fato um dos instintos fundamentais da nossa existência: se alguém está muito certo da virtude de suas crenças, e certo da vileza da opinião alheia, o impulso natural costuma ser o de procurar conter e silenciar aqueles que ousem publicar suas ideias julgadas inaceitáveis.

O problema é que todo censor é forçado a viver um dilema: por mais poder que ele detenha para silenciar opiniões, por mais absoluta que seja a sua autoridade formal, ele sempre sofre com o estigma do autoritarismo e da ilegitimidade de sua função.[2] É por isso que "sou contra a liberdade de expressão" é frase que mesmo o mais explícito dos autoritários hesita em proferir; a Liberdade de Expressão tem uma exuberância humanista, um brilho simbólico, um viço moral que nos compele a reconhecê-la como elemento fundamental da nossa existência: parte essencial da vida é poder dizer o que pensamos, entendendo que esse direito também é concedido aos demais, num ambiente em que se tolera a existência da opinião divergente, impopular e excêntrica. O poder simbólico dessa ideia é tão cogente, tão atraente e invencível, que mesmo o autoritário evita contrapor-se a ela de maneira explícita.

Assim como diversos regimes ditatoriais chamam a si mesmos de "república popular democrática" – muito embora eles não sejam nem repúblicas, nem populares, nem democráticos –, o autoritário que se opõe à Liberdade de Expressão precisa disfarçar sua posição para adequá-la ao brilho simbólico mencionado; ele continuará explicando a sua posição autoritária como uma "defesa da Liberdade de Expressão", muito embora ela não seja, de verdade, uma defesa dessa liberdade. Não se trata apenas de uma pressão externa, mas também de uma demanda interna mesmo: como vou-me olhar no espelho se eu descobrir que sou contrário à Liberdade de Expressão? Não dá, seria uma insuportável dissonância cognitiva; então eu não sou contra a Liberdade de Expressão, eu sou a favor, sou o seu maior defensor, não há alma no mundo que mais a adore do que eu! E a partir daqui, a partir desse autoengano, o censor sente-se livre para censurar enquanto jura para si mesmo que age em nome da Liberdade de Expressão.

O censor quer (ou entende ser necessário) proibir *algumas* opiniões (as quais, por acaso, não são as dele). Mas ele não pode simplesmente dizer "permitam-se as opiniões do nosso lado e proíbam-se as do outro", pois essa retórica excessivamente sectária e facciosa jamais conquistaria o apoio necessário junto ao público e às instituições. E assim ele passa a construir um molde retórico que reafirme um apreço genérico pela Liberdade de Expressão enquanto que, ao mesmo tempo, ofereça um álibi conceitual para o silenciamento das opiniões indesejadas.

É por isso que, dentre outras razões, a luta pela Liberdade de Expressão não é tão simples e direta; há muito preconceito cognitivo e prestidigitação retórica servindo de obstáculo ao real entendimento do tema. Não é uma luta clara, em que os lados estão bem separados e definidos; ao contrário, todos se julgam do lado da Liberdade de Expressão – e assim, para além dos detalhes do tema em si, é preciso enfrentar toda a sorte de falácias utilizadas pela mente censora.

2

Liberdade de Expressão significa que todo ser humano é livre para pensar ou não pensar o que quiser, e para dizer ou não dizer o que quiser; nenhuma autoridade, governo ou qualquer outro tipo de liderança deve deter o poder de perseguir, silenciar ou censurar alguém por causa de suas ideias. Ser livre para se expressar significa ser livre de coerção; significa que um país livre deve levar a sério a Liberdade de Expressão de seus cidadãos, e deve protegê-los da coerção e da violência que os tente silenciar.

1. DEFENDENDO O INIMIGO

O princípio da Liberdade de Expressão não existe para que se possa dizer aquilo que todo mundo quer ouvir; ele não existe para promover aquilo que a maioria e os mandarins consideram cordial, certo, bom, belo, justo ou sublime; isso já é aceito e permitido de qualquer jeito, mesmo sem a Liberdade de Expressão. A opinião harmoniosa com a convenção, a ortodoxia e o dogma de uma época sempre tiveram curso livre e irrestrito, até nas mais violentas autocracias: nunca faltará liberdade para quem quiser elogiar o governo e genufletir à tecnocracia iluminada. (É por isso que, aliás, os casos julgados e os temas mais polêmicos e debatidos sobre Liberdade de Expressão envolvem precisamente os discursos mais odiosos; se assim não fossem, se fossem discursos amorosos, eles não gerariam controvérsia suficiente para atrair atenção no debate público.)

O princípio da Liberdade de Expressão existe precisamente para proteger o discurso dissidente; ele existe para permitir aquilo que o pensamento hegemônico considera ofensivo, errado, ruim, feio, injusto ou hediondo; ele protege o discurso que nós consideramos vil e odioso, em especial se proferido por pessoas que julgamos desprezíveis. Se ele protege até isso, ele protegerá todo o resto – e assim nós teremos, sob a força inabalável desse princípio, a liberdade para pensar, falar e criticar o que quisermos. É preciso, assim, defender a livre-expressão de todos, inclusive a dos nossos maiores e mais odiosos inimigos.[3]

O filme *O Povo contra Larry Flynt* (1998) traz um ótimo exemplo dessa postura cívica. O filme narra a história de Larry Flynt, conhecido pornógrafo e dono da revista adulta *Hustler*. Nos anos 1980 ele publicou uma histórica satírica e obscena sobre Jerry Falwell, líder de um grupo conservador cristão. Falwell processou Flynt, ganhou nas primeiras instâncias, mas a decisão foi revertida na Suprema Corte dos Estados Unidos. No filme, ao defender a Primeira Emenda à Constituição dos Estados Unidos (emenda essa que garante a Liberdade de Expressão, dentre outras liberdades), Larry Flynt afirma que se a Primeira Emenda "protegerá um canalha como eu, então ela protegerá todos vocês. Porque eu sou o pior"[4].

Respeitar a Liberdade de Expressão alheia significa não coagir, não silenciar, não impedir que o outro fale, mesmo que suas ideias sejam abomináveis. Mas isso não significa, claro, que precisemos concordar com suas ideias infames; ao contrário, temos o direito e o dever de usar a nossa Liberdade de Expressão para combatermos, no debate público, as ideias que julgamos insidiosas. Quando defendo que um racista deva ter Liberdade de Expressão para proferir seus preconceitos, não estou dizendo que concordo com ele, nem que a sua ideia seja boa ou virtuosa; muito

UM PEQUENO TRATADO SOBRE A LIBERDADE DE EXPRESSÃO

pelo contrário, julgo o racismo uma das ideias mais repugnantes que o ser humano já concebeu. A questão é saber qual seria a melhor maneira de combater esse tipo de discurso, em especial quando se consideram os riscos envolvidos na regulação estatal. Pelos motivos que apresentarei ao longo deste livro, creio que mesmo a expressão repugnante deve contar com a proteção da Liberdade de Expressão.

3

Sendo a minha uma família judia, você deve imaginar o quão sensível sempre nos foi o debate em relação a temas como nazismo e Holocausto. E em especial na minha casa, pois minha avó materna foi sobrevivente dos campos de concentração e morava com a gente (até o seu falecimento em 1996), tendo sido uma segunda mãe para mim. Nos anos 1940, ainda adolescente, minha avó foi deportada a um campo de concentração, viu o seu pai ser assassinado na sua frente e foi escravizada em campos de trabalho; ao final da guerra, não havia sobrado ninguém de sua família: pais, irmãos, tios, primos, haviam todos sido assassinados. Temas como perseguição e extermínio dos judeus não eram apenas eventos históricos ou algo que ocorreu com outros judeus como eu; eu tinha ali na minha casa, criando-me e educando-me, alguém que sobrevivera diretamente à tragédia.

Menciono essa história apenas para dar a dimensão do quão sensível o tema do Holocausto era (e ainda é) para a minha família; mas mesmo assim, mesmo nesse contexto, o tema era até difícil, mas nunca se tornou tabu. Por exemplo, lembro de debatermos a censura a obras nazistas: devem-se proibir livros nazistas? O livro de Adolf Hitler (*Minha Luta*), por exemplo, deve ser proibido? Devemos proibir para que ninguém seja influenciado por suas ideias malignas? Ou devemos permitir a publicação para que sejamos alertados sobre a existência dessas ideias e, portanto, para que possamos melhor as combater?

E imaginemos que pudéssemos proibir determinadas ideias de circularem; quem adjudica, quem decide o que é certo? Quem tem a autoridade para definir que ideias podem ou não podem ser defendidas? Quem é confiável o suficiente para deter essa autoridade?

1. DEFENDENDO O INIMIGO

E se alguma instituição detiver o poder de definir as ideias permitidas, o que ocorre se essa autoridade nos trair? Quem pode garantir que todo o aparato burocrático para limitar a Liberdade de Expressão jamais cairá em mãos erradas? E se um dia a autoridade resolver que nós, os judeus, é que temos ideias malignas, como tantas vezes no passado já ocorreu?

Veja-se por exemplo a aprovação, pela Assembleia Geral da ONU, da Resolução 3379 (de 1975), que determinou que o "sionismo é uma forma de racismo e de discriminação racial". Ora, o sionismo nada mais é que a autodeterminação nacional do povo judeu, ou seja, a filosofia e o movimento político para a constituição de seu estado nacional. Se sionismo for racismo por excluir outras nacionalidades, então qualquer outro nacionalismo também é racista, haja vista que é da essência de todo estado nacional recusar status de cidadania a pessoas que não sejam seus nacionais. Por essa lógica, todos os países seriam racistas; então por que condenar apenas um deles? Por que destacar, singularizar, por que tratar de maneira diferente apenas o estado nacional dos judeus?

Veja-se aqui a concretização do risco que mencionei acima: o sionismo, um movimento de autoafirmação de um povo perseguido para se erguer dos genocídios do antissemitismo, agora é ele mesmo denominado como racismo! Esse é precisamente o risco: proíbe-se o discurso racista e, em seguida, é o antirracista que acaba sendo redescrito como "racista" e tem, assim, a sua expressão silenciada. (O Brasil votou a favor da resolução, a qual foi revogada apenas em 1991.)[5]

Não é um assunto simples, evidentemente. Mas a minha visão aqui sempre foi bem clara: se alguém está difamando o meu grupo, se alguém está promovendo ódio à minha etnia, melhor é que eu saiba antes; e é melhor que a Liberdade de Expressão seja o mais ampla possível, para que possamos conhecer a origem e, assim, combater as ameaças da maneira e no tempo mais apropriados.

Democracia e Liberdade são muitas vezes caóticas, e é evidente que a ocorrência de discursos ofensivos provoca desconforto e indignação; mas esse é o preço que pagamos para manter a nossa liberdade, para evitar a tirania. Se eu conceder poder ao estado para limitar o que pode ser dito, jamais saberei onde ele irá parar, e assim eu mesmo corro o risco de me tornar vítima de sua investida autoritária. O povo judeu já foi, demasiadas vezes, vítima do ímpeto censório, persecutório e genocida de diversos estados, e não podemos cometer os mesmos erros do passado; deixa o antissemita falar – desde que, é claro, nós também tenhamos a Liberdade de Expressão para apontar-lhe o dedo e demonstrar a falsidade e a torpeza de seus argumentos. Ter de aguentar algumas sórdidas declarações antissemíticas parece-me um cenário menos ruim, bem menos arriscado, do que dar ao governo o poder de escolher quem pode falar o quê.

4

Nós vivemos tempos tão estranhos à liberdade – tempos tão esquisitos em que mesmo pessoas ditas "liberais" defendem a supressão do discurso que as ofende, e em que pessoas supostamente conhecedoras da lei inventam crimes que não existem (como "gordofobia" ou "disseminação de *fake news*") – que a noção de que alguém possa querer ouvir o inimigo pode parecer estranha.

Nos anos 1970 havia um programa de televisão nos Estados Unidos, produzido pela WHYY-TV (uma afiliada da PBS – Public Broadcasting System), chamado *Black Perspective on the News.* O programa, que promovia debates sobre temas contemporâneos, era produzido por dois jornalistas negros, Reginald Bryant e Acel Moore. Segundo Wayne Dawkins, o programa foi "revolucionário para a sua época", e "em vez de jornalistas negros entrevistando apenas pessoas negras, os produtores convidavam pessoas brancas também".[6]

Num episódio apresentado em 1977,[7] eles convidaram Frank Collin e David Duke para um debate. Collin era um dos nazistas mais conhecidos dos EUA, à época líder do Partido Nacional-Socialista dos EUA, e Duke era um dos líderes da Ku Klux Klan, uma organização que promove a vil ideologia do supremacismo branco. Deixe-me dizer de novo, e recomendo ao leitor que leia novamente, mas, desta vez, bem devagar: dois jornalistas, negros, convidaram um líder do nazismo, e um líder do movimento supremacista branco, para um debate. O debate contou com a moderação de Bryant e, ainda, com a participação de dois intelectuais, também negros: Lawrence Riddick (professor visitante de Harvard) e Charles King (presidente do Atlanta Urban Crises Center).

Mesmo antes de sua transmissão, o programa gerou controvérsias e protestos, e algumas emissoras afiliadas afirmaram que não o transmitiriam. Reginald Bryant, que além de coprodutor moderava o programa, sofreu ameaças de morte e teve sua casa atacada com sangue de porco.[8]

1. DEFENDENDO O INIMIGO

Ao falar sobre o episódio, Reginald Bryant disse: "A maior parte do que eles [Frank Collin e David Duke] dizem é puramente incendiário e factualmente incorreto. (...) Mas ainda assim é um episódio polêmico, com conteúdo tendente a ofender a sensibilidade de alguns dos nossos telespectadores. Ainda que nós do *Black Perspective* sejamos sensíveis a esse fato, sentimos que o nosso programa não pode deixar de expor os dois pelo que eles são. E é aí que reside o seu valor; não há nenhuma dúvida na minha mente de que esses homens são mais perigosos quando empurrados para o submundo."[9]

Ideias odiosas que correm apenas no submundo não são ouvidas ou conhecidas, e assim não podem ser antecipadas ou combatidas em seu nascedouro. Se nós nos recusamos a ouvir essas ideias, não desenvolvemos os contra-argumentos necessários para limitar a sua influência na sociedade. Quando essas ideias alcançarem momento e massa crítica, e assim explodirem para fora do submundo, poderá ser tarde demais. A lição de Reginald Bryant e Acel Moore é que ideias vis devem ser combatidas de frente, às claras, para que sua vileza seja exposta pelo nosso escrutínio. Para bater e derrotar é preciso fazer contato, conhecer e enfrentar – antes que seja tarde demais.

5

Em 1977, neonazistas liderados pelo já mencionado Frank Collin tentaram realizar uma marcha em Skokie, uma cidade pequena, à época com cerca de 70 mil habitantes, localizada no subúrbio de Chicago (estado de Illinois, EUA). A princípio, seria uma cidade pequena qualquer, salvo por uma característica demográfica: metade de sua população era judia, muitas das quais sobreviventes do Holocausto. Como era de se esperar, a possibilidade de realização de uma marcha nazista na cidade fez ressuscitar uma série de memórias e traumas nas vítimas do nazismo, e muitos dos habitantes decidiram que em hipótese alguma a marcha deveria ser permitida. Muitos se dispuseram, inclusive, a responder com violência. O caso gerou grande comoção nacional, e até hoje é considerado um dos principais casos

UM PEQUENO TRATADO SOBRE A LIBERDADE DE EXPRESSÃO

(se não o principal caso) de proteção da Liberdade de Expressão para discurso de ódio[10] nos EUA.[11]

Para evitar a realização da marcha, o governo de Skokie iniciou uma ação judicial contra Collin e criou uma série de decretos para proibir, ou pelo menos dificultar bastante, a realização de manifestações (como, por exemplo, um decreto que exigia 350 mil dólares em caução contra vandalismos e demais eventuais prejuízos). O problema é que, segundo a Constituição dos EUA – e em especial a sua Primeira Emenda, sobre a qual falaremos nos próximos capítulos –, a Liberdade de Expressão tem uma proteção quase absoluta, sendo *praticamente impossível proibir uma manifestação pacífica, ainda que o tema seja extremamente ofensivo*. Na visão americana da Liberdade de Expressão – a qual defendo como norte para o Brasil contemporâneo –, por mais odioso que seja o discurso, enquanto ele permanecer no âmbito do discurso – e não incitar diretamente a violência –, ele deve ser protegido pelo princípio da Liberdade de Expressão.

Por ver-se impedido de se expressar, Frank Collin ligou para a ACLU – a American Civil Liberties Union, uma ONG fundada em 1920 dedicada à defesa das liberdades fundamentais – para solicitar apoio jurídico para pleitear, na justiça, o direito à realização da marcha. No plano jurídico, o caso não apresentava nenhuma dificuldade, nenhuma controvérsia: como dito, nos EUA a Liberdade de Expressão garante a livre-manifestação inclusive de ideias moralmente abomináveis. E assim, depois de algumas idas e vindas judiciais envolvendo não apenas a Suprema Corte de Illinois mas também a Suprema Corte dos EUA, a marcha foi autorizada. (Por uma série de motivos, no entanto, Frank Collin acabou negociando com o Departamento de Justiça dos EUA e aceitou realizar a marcha em Chicago em vez de Skokie, o que ocorreu em 24 de junho de 1978.)[12]

Muitos não entenderam a posição de princípio da ACLU, que aceitou defender juridicamente os nazistas e, assim, foi bastante criticada, sofreu enorme perda de filiados e teve inclusive alguns de seus líderes ameaçados.[13] O fato curioso aqui é a composição da ACLU, que em seus quadros tinha mais judeus que no meu bar-mitzvah: Norman Dorsen, então presidente; Aryeh Neier, o diretor-executivo à época, não apenas é judeu como nasceu na Alemanha, tendo escapado do nazismo; Ira Glasser, que assumiu a diretoria executiva em 1978 e também defendeu a posição da ACLU no caso, também é judeu; assim como o advogado da ACLU que defendeu diretamente os neonazistas, David Goldberger.[14]

1. DEFENDENDO O INIMIGO

Em seu livro *Defending My Enemy: American Nazis, the Skokie Case, and the Risks of Freedom* – de cujo título me apropriei para intitular este capítulo –, Aryeh Neier afirma que apoiou a Liberdade de Expressão dos nazistas em Skokie precisamente "para poder derrotar nazistas. Defender o meu inimigo é a única maneira de proteger uma sociedade livre dos inimigos da liberdade".[15] Regimes que se desviam gradualmente para o autoritarismo não iniciam sua escalada autoritária atacando os grupos mais afáveis e bem-vistos pela população; isso geraria uma grande reação – da mídia, da academia, das ordens dos advogados e muitas outras instituições –, e assim frustraria o plano tirânico do governo.

A perseguição, a restrição de direitos e a censura sempre se iniciam direcionadas contra aqueles tipos de pessoas e de discursos considerados impopulares e indesejáveis; por isso é que é comum que muitos se resignem ou julguem até toleráveis esses primeiros avanços da libido censória: o sujeito exagerou, ninguém pode falar isso, ele meio que mereceu mesmo, né. O problema é que, como se sabe, todo poder corrompe-se, e em breve pessoas e discursos "desejáveis" também passam a ser alvos de silenciamento e censura. Quando menos se espera, o medo se espalha e todos estaremos receosos de dizermos palavras "erradas" na direção "errada" (ou seja, na direção daqueles que detêm poder).

Para evitar esse cenário de tirania, para evitar que essa libido censória cresça e conquiste poder e legitimidade, é preciso combatê-la em seu nascedouro, onde quer que ela comece a aparecer. Como diz o jornalista Glenn Greenwald, "quando governos e outros centros de poder querem legitimar um certo poder com o qual outras pessoas podem se sentir desconfortáveis, eles sempre atacam as pessoas mais impopulares, o caso mais fácil de as pessoas não se importarem; e é por isso que, se você quiser defender esses direitos, você precisa chegar nesses lugares onde as pessoas estão expressando as piores e mais impopulares opiniões".[16]

É fácil tolerar a censura quando ela atinge os nossos adversários, ou quando atinge pessoas que tenham opiniões claramente vis e repugnantes; o problema é que isso não apenas cria precedentes, como nos acostuma com o papel do estado censor, com o papel da burocracia de definir o que pode e não pode ser dito; e é assim que, aos poucos, cada vez mais setores da sociedade passam a aprovar, ou pelo menos a aceitar resignadamente, a intromissão do estado na Liberdade de Expressão. Como diz Aryeh Neier, "seria mais prazeroso para os defensores da liberdade reunirem-se em torno das causas de uma classe melhor de vítimas. Mas se nós esperarmos até que as pessoas agradáveis se tornem vítimas, pode ser tarde demais. O primeiro lugar a se defender a liberdade é o primeiro lugar em que ela é negada".[17]

Esse processo de normalização da censura, de habituação da população com o autoritarismo, traz riscos enormes, e alguns autores apontam que isso inclusive ocorreu na Alemanha dos anos 1930, quando o regime nazista se beneficiou da burocracia e da cultura censórias que havia no período anterior à sua ascensão. Em seu estudo sobre como a Alemanha buscava proibir a cultura *"trash"* (a cultura "baixa", lasciva etc.) desde o início do século XX, Kara Ritzheimer explica que esses esforços familiarizaram a população "com a ideia de que autoridades públicas poderiam determinar, com competência, quais livros ou filmes eram apropriados".[18] Muito embora a motivação de censura ao *"trash"* seja diferente da censura nazista com motivações racistas, o uso do "poder do estado para suprimir cenas ofensivas [de filmes] sem dúvida ajudou a aclimatar a população à supressão da indústria do cinema conduzida pelo estado"; essas medidas "não anteciparam as leis nazistas de censura em termos de intenção, mas elas sim imbuíram a regulação estatal da indústria do cinema de legitimidade e respeitabilidade".[19] E Guenter Lewy, em seu estudo sobre a censura de livros durante a Alemanha nazista, informa que os governos anteriores prepararam "passo a passo" as medidas repressivas que depois foram ampliadas pelo regime nazista.[20]

6

No episódio #488 do *Flow Podcast*, os anfitriões Monark e Igor 3K conversaram com Antonio Tabet, humorista, roteirista e um dos criadores do *Porta dos Fundos*. Durante a conversa, lá pelo meio do programa, eles discutiram e polarizaram-se em torno do tema da Liberdade de Expressão: Tabet defendeu uma visão mais restritiva, afirmando que determinadas expressões, como discursos de ódio, devem ser restringidas; e Monark defendeu uma visão mais libertária, expondo os riscos inerentes à regulação estatal de qualquer expressão. O debate foi profícuo, e recomendo aos interessados que assistam ao episódio;[21] mas aqui, por ora, quero enfocar um argumento específico utilizado por Tabet.

1. DEFENDENDO O INIMIGO

Em determinado momento da conversa, Monark diz que não gosta da ideia de que alguém deva ter poder suficiente para adjudicar o que pode e o que não pode ser dito. Diante disso, Tabet diz: "Sabe por que você não gosta? Porque você não está nesse grupo." Monark fica meio incrédulo, diz "pode ser, mas eu não acho que seja por isso", mas Tabet arremata dizendo "pode ser não, é claro que é", e que se Monark fosse "preto", "trans" ou "gay", ele concordaria com a proibição do discurso de ódio que atingisse essas minorias, ou pelo menos a minoria a que Monark pertencesse.

Essa posição é bastante comum no debate público, e ela afirma duas coisas simultaneamente: a) que se você for parte de uma minoria, você naturalmente concordará com restrições à Liberdade de Expressão, no sentido de que protejam essa minoria; e b) que a restrição à Liberdade de Expressão é benéfica para as minorias.

A primeira afirmação é contraditória com os fatos, alguns deles narrados aqui neste capítulo: há negros e judeus que defendem a Liberdade de Expressão para discursos de supremacismo branco e de antissemitismo, assim como há homossexuais que defendem a livre-expressão inclusive da homofobia. Assim como qualquer outra pessoa, um membro de uma minoria é perfeitamente capaz de, em posição de princípio, defender a Liberdade de Expressão de todos, inclusive daqueles que promovam discursos de ódio contra a sua minoria.[22] Lembrando: não se trata de aprovar a qualidade moral desses discursos, evidentemente, mas apenas de reconhecer o direito à Liberdade de Expressão mesmo dos discursos mais torpes. É possível reconhecermos o direito à livre-manifestação ao mesmo tempo em que reconhecemos que alguém faz mau uso desse direito.[23]

Essa primeira afirmação consiste, assim, ou em um erro (honesto) provocado pelo desconhecimento mesmo acerca da história e do debate sobre a Liberdade de Expressão, ou em um mero instrumento retórico para deslegitimar a opinião de alguém com base em seu status social ou demográfico.

Mas a segunda afirmação demanda uma explicação maior: restringir a Liberdade de Expressão é benéfico às minorias?

2. O paradoxo do oprimido

1

A premissa é válida e passa ao menos no vestibular da intuição: se sabemos que determinados discursos são odiosos, e que muitas vezes na história eles serviram para legitimar e provocar uma série de crimes contra minorias, por que não proibir esses discursos? Ou melhor: como não proibir esses discursos? Como pensar qualquer outra coisa que não a criminalização desse tipo de expressão?

2

Nenhum governo que queira censurar seus dissidentes dirá que quer censurar seus dissidentes; é preciso inventar um pretexto mais comovente. No passado, a justificativa era o combate à obscenidade e à blasfêmia, a defesa da ordem pública e a promoção dos bons costumes; hoje em dia, o pretexto é o combate ao discurso de ódio e às *fake news*, a defesa das instituições e a promoção da democracia. Só muda a narrativa; o objetivo de controle e de silenciamento de grupos "subversivos" permanece o mesmo. (Muitas vezes muda também o tipo de grupo que é considerado "subversivo"; às vezes mais à esquerda, às vezes mais à direita.)

Então a coisa pode até começar bonita no discurso: nosso objetivo não é censurar ninguém, mas sim coibir o ódio e promover o amor. O problema é que uma das consequências não-intencionais da restrição à Liberdade de Expressão encontra-se, precisamente, na exacerbação do escopo de aplicação de eventuais regulações. Por exemplo: quando se proíbe o discurso de "ódio", a libido censória pode-se movimentar para incluir cada vez mais expressões, cada vez mais palavras e atitudes, dentro da categoria "ódio". (O mesmo argumento vale para uma série de categorias, como *fake news*", "ataque às instituições", "negacionismo", e assim por diante). E daí basta que algumas autoridades aceitem essa redescrição semântica para que, em seguida, um monte de gente comece a ser perseguida com base em avaliações subjetivas e aplicações seletivas da lei.

E foi assim que em 2017 a Assembleia Constituinte da Venezuela aprovou a chamada "Lei Constitucional contra o Ódio", a qual permite, dentre outras medidas, o fechamento de meios de comunicação e prevê pena de até 20 anos de prisão para "quem incitar ao ódio, à discriminação ou à violência em determinado grupo social ou político".[1] Segundo nota oficial, o instrumento tem como objetivo "frear a campanha de ódio e violência promovida por setores extremistas da oposição venezuelana e buscar o reencontro, a reunificação, a harmonia e a paz do povo".[2]

O problema reside, claro, nas injunções da realidade. Um relatório da ONU de 2019 sobre direitos humanos no país afirma que "sucessivas leis e reformas têm facilitado a criminalização da oposição e de qualquer pessoa crítica ao governo".[3] Em 2020, a Reuters analisou 40 casos de prisão com base nessa lei e verificou que em todos os casos as autoridades agiram contra "venezuelanos que tinham criticado Maduro, outros oficiais do partido governante ou seus aliados". Além disso, ao intimidar críticos do governo, opositores disseram que a lei impactou o resultado das eleições de 2020.[4]

E em 2021 especialistas de direitos humanos da ONU disseram que "as prisões e as acusações criminais são parte de um padrão de crescente criminalização de organizações da sociedade civil na Venezuela, as quais já operam sob um conjunto repressivo de leis e regulações, incluindo a 'Lei contra o Ódio' de 2017, que restringe o exercício de seu direito à liberdade de reunião, associação e expressão pacífica, entre outros".[5]

Eu entendo a boa intenção de quem quer proibir o "discurso de ódio" para promover a tolerância, a igualdade, e outros valores que nos são caros; mas o que não falta na história da humanidade é manipulação de intenções bonitas para fins escusos, o que sempre conta com o apoio da inocência útil dos que, enfeitiçados pelas intenções, esquecem-se de examinar os riscos e as consequências verdadeiras que se obterão na realidade.

3

Quando se é minoria, você tem dois objetivos quanto à estrutura do debate público: quero ter Liberdade de Expressão para promover minhas ideias; e quero que ideias ofensivas e preconceituosas contra a minha minoria tenham menos força e influência.

O problema é que esses dois objetivos são meio difíceis de conciliar: ao obter a Liberdade de Expressão para que eu possa promover minhas ideias, terei de aceitar que alguns façam mau uso dessa liberdade, avançando ideias preconceituosas contra o meu grupo; e ao utilizar a força estatal para reduzir ideias ofensivas e preconceituosas (por exemplo, proibindo discursos de ódio), eu corro o risco de eu mesmo me tornar alvo dessa regulação, e assim ter a minha própria Liberdade de Expressão ameaçada. O que a libido censória busca, então, é o melhor dos mundos: Liberdade de Expressão para mim, para que eu possa falar o que quiser; e convocação da força estatal contra os outros, para evitar que façam discurso de ódio.

Mas vejam a contradição: se vivemos em uma sociedade não-preconceituosa, aberta e tolerante, a violência simbólica do discurso de ódio não será hegemônica e, assim, não faria sentido empreendermos a burocracia estatal para perseguir um discurso meramente marginal; a regulação estatal do discurso seria, na melhor das hipóteses, meramente desnecessária. Agora, se vivemos em um ambiente preconceituoso, em que a violência simbólica é hegemônica, de onde se importará a burocracia estatal que irá, por meio da regulação da expressão, proteger essas minorias? Vão trazê-la de que reino superior? Porque se o preconceito é hegemônico, ele será hegemônico também entre os denunciantes e os repressores da própria burocracia estatal, não servindo portanto ao objetivo almejado. Esse é o paradoxo do oprimido.

É por isso que leis visando à proibição do discurso de ódio costumam ser ou desnecessárias, ou inúteis. Em seu *Kindly Inquisitors: The New Attacks on Free Thought*, Jonathan Rauch afirma que muitos confundem causa e consequência, e imaginam que essas leis sejam "uma causa da tolerância, quando quase sempre são uma consequência. Em democracias, as minorias não recebem proteções legais justas e aplicáveis até que as maiorias tenham chegado a apoiá-las. Quando chega o momento em que uma comunidade está pronta para punir a intolerância legalmente, ela já estará punindo a intolerância culturalmente. E nesse ponto, transformar os que proferem ódio em mártires dos tribunais é desnecessário e muitas vezes contraproducente".[6]

4

O paradoxo do oprimido torna-se ainda mais claro quando analisamos o seu corolário, que diz o seguinte: se você quer utilizar a força repressiva do estado para proibir discursos de ódio, é porque você confia que o estado estará do seu lado; é porque você confia que, pelo menos em grande parte do tempo, juízes, legisladores, promotores e policiais estarão ao seu lado e não direcionarão sua fúria censória contra você; e se você confia que o estado estará do seu lado, é porque você já não é tão oprimido assim, ao menos não no mercado das ideias (afinal, a maior força bruta de repressão da sociedade está do seu lado!).

A minoria fraca, a minoria fraca mesmo – aquela perseguida, odiada, esculhambada – tem pavor do poder institucionalizado. Ela até sabe que, em uma época ou outra, alguma conveniência política pode levar o estado a apoiá-la; mas no geral, na duração longa da história, ela sabe que deve ser muito cautelosa ao confiar nas instituições. O poder sempre é aplicado desproporcionalmente contra ela; e o poder censório que ela invocar contra os seus algozes poderá, cedo ou tarde, ser utilizado para silenciar suas próprias posições minoritárias. A busca pelo silenciamento de determinadas opiniões (enquanto que se protegem as próprias opiniões do silenciamento alheio) conduz a minoria a um jogo de soma zero; conduz a minoria a uma disputa política que, se ela for fraca e perseguida mesmo, será impossível de vencer.

O fraco, o perseguido, o oprimido mesmo nunca pôde contar com a força bruta institucional; ele precisa lutar e defender-se em outro campo, com outro tipo de força. Quem tem poder bruto luta com poder; quem não tem, precisa lutar com princípios.

5

Se vivemos em uma sociedade escravocrata, em que a escravidão não apenas é legal mas conta com o apoio moral de grande parte da população, é natural que ideias abolicionistas sejam vistas como subversivas, perigosas e atentatórias à ordem.

Em 3 de dezembro de 1860, diversos abolicionistas – dentre eles, Frederick Douglass (1818-1895), ex-escravo que se tornou um dos líderes do movimento abolicionista norte-americano – organizaram um evento em Boston (Massachusetts, EUA) para discutir de que maneira a escravidão poderia ser abolida nos Estados Unidos. (Essa data foi escolhida por marcar o aniversário de um ano da condenação e da execução de John Brown, um ativista que defendia a violência como tática para extinção da escravidão.) Durante a reunião, uma multidão antiabolicionista invadiu o auditório, inundou-o com gritos e, assim, logrou interromper e cancelar o encontro.[7]

Dias depois desse silenciamento provocado pela multidão antiabolicionista, Douglass fez um discurso conhecido como "Apelo pela Liberdade de Expressão em Boston", em que disse: "Nenhum direito foi reconhecido pelos patriarcas do governo mais sagrado do que o direito de expressão. Aos olhos deles, e aos olhos de todos os homens conscientes, o grande renovador moral da sociedade e do governo. (…) A liberdade torna-se sem sentido onde o direito de expressar os seus pensamentos e opiniões deixou de existir. Esse, dentre todos os direitos, é o terror dos tiranos. É o direito que eles derrubam antes de todos os outros. Eles conhecem o seu poder. (…) A escravidão não pode tolerar a liberdade de expressão."

E ainda: "Não pode haver direito de expressão onde qualquer homem, por mais elevado, humilde, jovem ou velho, seja intimidado pela força e compelido a suprimir os seus sentimentos sinceros. Igualmente claro é o direito de ouvir. Suprimir a liberdade de expressão é um mal duplo. Viola os direitos do ouvinte e os do orador."[8]

6

Numa ordem escravocrata, abolicionismo é visto como discurso insidioso, maligno, incendiário, odioso; articular em palavras a natureza da opressão não seria um perigo à ordem? Imagine se os escravos passarem a acreditar que deveriam ser livres, e que assim podem agredir os seus senhores em legítima defesa; não seria isso um atentado à paz, à ordem pública, à segurança nacional? E se essa ordem é legal, não teriam as instituições o dever de limitar esses discursos, para assim preservar essa ordem? Abolicionismo não configuraria um "ataque às instituições", para usar uma expressão tão desgastada nos dias de hoje?

Poucas instituições foram mais vis que a escravidão; e poucas causas mais justas e morais que a da abolição. Mas à época, com a mentalidade do seu tempo, as coisas não eram vistas desse modo; e a única maneira de manter aberta a chance de sucesso da causa, a única forma pela qual se poderia lutar por ela, é pela exposição da sua força moral, pela conquista de corações e mentes, pelo recurso à expressão. E a única via para isso é pela garantia da ampla Liberdade de Expressão, que permita todo e qualquer discurso, inclusive aqueles que o espírito do tempo julgue subversivos e odiosos; o abolicionismo era a visão do pequeno, do oprimido, que nada tinha a não ser a sua voz para denunciar a ordem.

Não à toa, em discurso que fizera em 1854, Frederick Douglass dissera que "o direito de expressão é um direito muito precioso, em especial para os oprimidos".[9] Quanto mais intrínseca à ordem vigente for a injustiça, mais o discurso contra essa injustiça será percebido como nocivo, pernicioso, odioso; mas é precisamente nessas ocasiões, em que a injustiça é intrínseca às instituições, que o nosso discurso subversivo torna-se mais necessário. É evidente que muitos aproveitarão essa Liberdade de Expressão para promover discursos verdadeiramente hediondos; mas esse é o preço que pagamos para manter abertas as vias do debate, as vias pelas quais as nossas contestações possam circular e os nossos pleitos justos possam triunfar.

7

A história do Brasil tem poucos nomes mais nobres e heroicos que o de Luiz Gama (1830-1882). Nascido livre e vendido como escravo pelo pai aos dez anos, ele conseguiu dedicar-se aos estudos, comprovar a sua liberdade aos 18 e depois, como jornalista e advogado, logrou avançar a causa abolicionista e libertar judicialmente centenas de escravos. Em seu ativismo, Luiz Gama fazia bastante uso da imprensa, fosse para promover a causa em geral, fosse para denunciar casos específicos de ilegalidades ou de negligência de funcionários públicos no trato da escravidão.[10]

Em um episódio em que se discutia o cabimento de crítica pública ao imperador Pedro II, Luiz Gama publicou, juntamente com outros dois autores, uma nota em defesa da liberdade de imprensa. A nota afirma que essa liberdade "deve servir aos

pequenos em litígio com os grandes e ser soberana mesmo ante o próprio *soberano*";
e faz referência, ainda, à "verdadeira doutrina republicana, que é no caso a franquia
da imprensa, a todos sem distinção de classes ou de posições constitucionais, pois é a
imprensa o foro nobilíssimo para o debate de todas as queixas e todos os direitos".[11]

8

Em 1963, Martin Luther King Jr. foi a Birmingham, no Alabama, para uma passeata
pelos direitos civis dos negros nos Estados Unidos. Evidentemente que os estados
que ainda mantinham a segregação racial buscavam proibir passeatas e manifestações, limitando o direito à Liberdade de Expressão, e muitas vezes utilizando-se dos
mesmos pretextos que os antiabolicionistas utilizavam: numa ordem segregacionista,
o discurso de igualdade e integração das raças não seria atentatório à ordem?

(Por exemplo, dentre as diversas formas de protesto não-violento para superar
a segregação racial, encontravam-se os chamados "*sit-ins*", em que (sobretudo) estudantes negros iam até restaurantes e outros estabelecimentos comerciais restritos
a brancos e permaneciam ali sentados, recusando-se a sair, até serem atendidos.[12]
Não se trataria isso de uma provocação, um "distúrbio à paz", uma afronta à "ordem
pública"? Será que isso não provocaria tensões e violência?)

A cidade de Birmingham conseguiu uma decisão judicial proibindo diversos
líderes de marcharem e, por violar a ordem, Martin Luther King Jr. foi detido. Na
prisão, tomou conhecimento de uma declaração, assinada por oito líderes religiosos,
criticando a ocasião e a forma dos protestos nos quais participaria. Em resposta,
MLK escreveu a chamada "Carta de uma prisão de Birmingham", um dos principais
documentos políticos do século XX, em que faz uma das mais sólidas defesas da
manifestação não-violenta como estratégia de transformação social.

Na Carta, MLK afirma que "a ação direta não-violenta busca criar uma crise
tal e estabelecer uma tensão criativa tal que uma comunidade que tem-se consis-
tentemente recusado a negociar é forçada a enfrentar o assunto". Ele diz ainda que
não tem medo da palavra "tensão", que sempre pregou contra a tensão violenta,
mas que "há um tipo de tensão não-violenta construtiva que é necessária para

UM PEQUENO TRATADO SOBRE A LIBERDADE DE EXPRESSÃO

crescimento"; e critica, ainda, os "brancos moderados" que preferem "uma paz negativa que é a ausência de tensão à paz positiva que é a presença da justiça".[13]

Manifestações e protestos provocam tensões; se forem contra ordens de há muito estabelecidas, como a escravidão e a segregação racial, provocarão não apenas tensões, mas também desordens e respostas violentas. Mas sem criar tensões, uma opinião não incomoda, não fustiga, não instiga as instituições com a suficiência mínima para que haja a negociação necessária à transformação. Então é natural que, ao aceitar a Liberdade de Expressão, tenhamos de aceitar certo uso provocativo dessa liberdade; teremos de aceitar, por exemplo, que militantes pró-aborto façam protestos em frente a igrejas, que militantes antiaborto façam protestos em frente a clínicas de aborto, e assim por diante; de que adiantaria protestar em uma área onde as nossas ideias não provoquem nenhuma reação?

A genialidade da "Carta" consiste em defender a via intermediária; consiste em rechaçar as posições extremas da ação violenta e da resignação absoluta enquanto propõe, como meio para a transformação social, o uso do protesto (ou seja, da Liberdade de Expressão) para a criação da "tensão não-violenta construtiva".

Por fim, vale citar o último discurso de Martin Luther King Jr., realizado em 3 de abril de 1968. Ao mencionar as restrições estatais impostas às manifestações que ele buscava realizar, King afirmou: "Tudo o que dizemos para a America é 'seja consistente com o que você disse no papel' [ou seja, com o que está na Constituição]. Se eu morasse na China ou até na Rússia, ou em qualquer país totalitário, talvez eu pudesse entender a negação de privilégios básicos da Primeira Emenda, porque eles não se comprometeram com isso por lá. Mas em algum lugar eu li sobre a liberdade de reunião. Em algum lugar eu li sobre a liberdade de expressão. Em algum lugar eu li sobre a liberdade de imprensa. Em algum lugar eu li que a grandeza da América é o direito de protestar por direitos."[14]

9

Em 2005, o jornal dinamarquês *Jyllands-Posten* publicou uma série de charges sobre Maomé. Segundo os editores, a sociedade dinamarquesa vivia um medo ilegítimo de criticar muçulmanos, e praticava a autocensura em relação a qualquer crítica direcionada ao Islã. Para reafirmar o direito à Liberdade de Expressão, o jornal decidiu publicar as charges, algumas das quais bastante provocadoras e ofensivas. A publicação gerou uma enorme repercussão internacional e uma série de protestos violentos, ataques a igrejas e embaixadas, com cerca de 200 pessoas mortas no total.[15]

Segundo Jacob Mchangama, advogado dinamarquês, muitos muçulmanos de seu país protestaram contra as charges e, entendendo que esse tipo de expressão se tratava de islamofobia e discurso de ódio, buscaram a condenação do editor por blasfêmia e discurso de ódio.[16] Os muçulmanos do país apostavam que a lei e o consenso social estavam ao seu lado, e assim buscaram promover essa restrição à Liberdade de Expressão de discursos que consideravam ofensivos.

O problema é que em 2018 as coisas mudaram; nesse momento, muitas pessoas preocupavam-se com tensões relacionadas a imigração e integração (incluindo a de muçulmanos), e assim a balança de legitimidade e de poder se modificou. Ainda segundo Mchangama, o governo dinamarquês aprovou uma série de restrições à Liberdade de Expressão, que de longe podem parecer genéricas, mas que todos sabem que foram construídas para limitar especificamente a expressão da população muçulmana. Ele menciona, por exemplo, uma lei banindo o uso de burca, e outra lei proibindo que se promovam comportamentos ilegais (incluindo a poligamia, por exemplo).

Mchangama afirma que "ao abandonar princípios, muçulmanos dinamarqueses ajudaram a pavimentar o caminho para leis majoritárias direcionadas a eles. Eu acredito que a reação teria sido bem diferente se uma maioria de muçulmanos dinamarqueses tivesse dito, à época, que nós julgamos essas charges ofensivas, não gostamos delas, mas nós aceitamos que esse é o preço a pagar para viver em uma democracia secular. Nós temos o direito de praticar nossa fé do jeito que quisermos; alguns podem se ofender com isso, podem não gostar da nossa fé, mas o preço de nós podermos fazer isso é que alguns podem criticar a nossa fé". Mas com o percurso tomado, em vez de a Liberdade de Expressão ser um jogo de ganha-ganha, ela se tornou um jogo de soma zero, o que é "um jogo muito perigoso a se jogar quando você é uma minoria".[17]

Como dito anteriormente, quem tem poder bruto joga com poder; quem não tem, precisa jogar com princípios. O oprimido não tem poder unilateral; ele precisa apelar para o *soft power*, para a influência moral, para a força cultural de um princípio que será tanto mais forte quanto mais grupos ele inclua sob sua proteção: o que

UM PEQUENO TRATADO SOBRE A LIBERDADE DE EXPRESSÃO

pode nos unir a todos? O que pode unir direita e esquerda? Religiosos ortodoxos e população LGBT? Ativistas antidrogas e defensores da legalização?

Mesmo sendo membro da menor minoria, mesmo estando do lado da opinião impopular e minoritária, o oprimido garante a sua Liberdade de Expressão apelando para a legitimidade que só um princípio de aplicação geral pode ter. Que todos tenham Liberdade de Expressão, inclusive o mais torpe dos ativistas; e é assim que eu, sem qualquer poder bruto, posso pegar carona num princípio que se tornou legítimo por sua ampla e irrestrita aplicação. Como diz Jonathan Rauch, falando como minoria, "nós somos os primeiros a ser atacados com palavras e ideias vis, mas também somos os principais beneficiários de um sistema que as tolera".[18]

10

O princípio da Liberdade de Expressão obtém sua força moral dessa aplicação geral e irrestrita, dessa aplicação percebida como isonômica e não-arbitrária: ele vale igualmente para todos, independentemente de gostarmos ou não do uso que se faz dele. Se ele valer para alguns tipos de discursos e não para outros, perde-se a sua força moral de princípio, e ele passa a ser visto como mera ferramenta de poder para silenciamento de adversários.

Ao protegermos a Liberdade de Expressão de todos, inclusive a dos mais extremistas, nós alcançamos um benefício prático adicional: se a Liberdade de Expressão protege o pior dos discursos, ela protegerá também todos os demais discursos. A proteção do discurso odioso e extremista acaba funcionando como um escudo, um para-choque, um seguro para todos nós: se até o discurso torpe é permitido, todos podemos ter a expectativa de que os nossos discursos, inclusive aqueles com as mais ácidas e mordazes críticas aos poderosos, também serão tolerados pelas instituições; desarmam-se os receios, amainam-se os medos, e assim podemos debater livremente sem coerção ou autocensura. Ao contribuir para cristalizar a ideia de que governo nenhum deve definir o que pode ou não pode ser dito, o reconhecimento do direito à livre-expressão dos extremistas ajuda a proteger a nossa própria Liberdade de Expressão.

3. Quem adjudica? (Quem decide o que é certo?)

1

Meu tio certa vez contou-me uma piada judaica que se passa assim: havia um judeu náufrago que, depois de muitos anos vivendo isolado em uma ilha, finalmente é encontrado por uma equipe de resgate. Na ilha havia tudo o que se poderia esperar de um náufrago engenhoso: ele construíra uma casa, uma horta, um depósito de alimentos e, ainda, duas sinagogas. Os membros da equipe de resgate observavam maravilhados a engenhosidade do náufrago, mas não puderam ignorar a presença de duas sinagogas: "Olha só, até entendo você construir uma casa de preces, mas *duas*? Por que *duas* sinagogas?" E o judeu respondeu, de início calmo, mas depois irritando-se ao longo da frase: "Uma é para eu frequentar; a outra, é para eu não passar nem em frente!"

2

A piada dramatiza a rivalidade natural que existe em qualquer comunidade; sempre haverá o subgrupo mais próximo e o subgrupo rival. E no caso da cultura judaica, em que a discussão e a disputa intelectual são tão presentes, a rivalidade adquire prioridade existencial: mesmo numa ilha deserta, mesmo num cenário de carência de recursos, é preciso empreender a reconstrução da sinagoga do adversário – ainda que seja para "não passar nem em frente", ou seja, para opor-se com veemência à sua visão de mundo.[1] (O efeito cômico advém precisamente do traço paradoxal, absurdo, de se perder tempo cultivando uma rivalidade que fora tornada obsoleta dada a tragédia do naufrágio e a inexistência de adversários na ilha.)

Mas ao destacar a resiliência dessa rivalidade intelectual, a piada revela também o tratamento que deve ser dispensado à opinião divergente; a piada permite-nos explorar, assim, as razões pelas quais a Liberdade de Expressão deve ter lugar fundamental em nossa sociedade.

3

Costumam-se dividir as justificativas para a Liberdade de Expressão em duas grandes categorias. A categoria *deontológica* refere-se ao que é correto fazer por uma questão de princípio, independentemente de suas consequências; por exemplo, independentemente de você ser recompensado ou não, você deve devolver a carteira de alguém que a perdeu. A categoria *utilitarista* (ou *consequencialista*) refere-se ao que é correto fazer por suas consequências positivas; por exemplo, você deve parar o carro no sinal vermelho, não porque isso seja algo intrinsecamente bom, mas porque gera a consequência positiva de redução de acidentes.

A justificativa mais fundamental da Liberdade de Expressão é uma justificativa deontológica, não residindo em nenhum valor instrumental que ela possa garantir à sociedade. A sua razão fundamental, que podemos chamar de *razão existencial*, afirma que a Liberdade de Expressão é um fim em si mesmo, um princípio ético apriorístico, um direito natural, uma característica intrínseca ao que chamamos de "viver", pois o pensamento e a comunicação livres são aspectos fundamentais da nossa existência; o que penso é parte do que eu sou, e muitas vezes é apenas na exposição de ideias que eu aprimoro o meu entendimento daquilo que eu mesmo penso – e, portanto, aprimoro aquilo que eu sou.

Se nós somos livres para buscar a nossa felicidade – conforme a nossa própria definição de felicidade –, nenhuma via nos pode ser fechada. Cada indivíduo é

3. QUEM ADJUDICA? (QUEM DECIDE O QUE É CERTO?)

dono do seu destino, dono de si, dono do seu corpo, seu cérebro e sua boca; cada indivíduo é senhor único da jurisdição da sua consciência – o seu foro mais íntimo – e, assim, é o único legítimo árbitro das exportações que faz, para o mundo, das ideias de sua cabeça.

Não se trata apenas de dizer que o estado não tem jurisdição sobre as nossas consciências (o que é verdade, e seria um *corolário jurídico da razão existencial*); trata-se de afirmar, sobretudo, que a existência plena exige que sejamos os donos de fato das nossas consciências. E se por acaso alguém decidir que não quer mais ser senhor da sua consciência e que quer entregar a direção de sua vida ao estado, à religião ou à ciência, isso é o seu direito; talvez haja mesmo pessoas que encontrem a felicidade na subserviência à autoridade. Mas essa atitude individual não pode jamais ser generalizada, pois estaríamos invadindo o direito individual à direção do próprio destino.

Ninguém pode deter o poder de autorizar ou proibir o que pode ser dito; nem a polícia, nem o congressista, nem o presidente, nem o juiz. Em seu exagero cômico, a piada do judeu náufrago demonstra exatamente isso: mesmo um náufrago – que é habitante único e, portanto, autocrata todo-poderoso da ilha – entende que ele não tem a autoridade para definir as ideias aceitáveis na ilha; nem mesmo ele arroga-se o poder de definir os limites do aceitável. Ele até sabe, de antemão, que desprezará a segunda sinagoga; mas apenas depois de a construir e de tolerar a sua existência. A Liberdade de Expressão inclui, como correquisito, o dever de tolerar. Esse dever não significa, evidentemente, silenciar-se ou concordar com tudo o que é dito; significa apenas reconhecer a existência e a Liberdade de Expressão de todos, mesmo do discurso que nos pareça ofensivo e hediondo.

Assim como ninguém pode definir ou limitar as ideias que julgo importante exportar para o mundo, ninguém pode definir ou limitar as ideias que eu julgo importante ler ou ouvir e que, assim, decido examinar e importar para dentro da minha consciência. A Liberdade de Expressão não consiste apenas no direito de pensar e de se expressar, mas também no direito que temos de ouvir aquilo que desejamos – nem que seja, evidentemente, para discordar com veemência.

4

Uma outra justificativa, de natureza consequencialista, refere-se aos riscos de que o poder que constituímos para regular a Liberdade de Expressão abuse de suas prerrogativas.

Nós constituímos a autoridade estatal para nos protegermos de ameaças à nossa vida e à nossa propriedade, o que é bom; mas ao criarmos a burocracia que exercerá essa autoridade, e ao dotarmos essa burocracia dos meios necessários à consecução dos objetivos de preservação da vida e da propriedade, essa mesma burocracia acumula muito poder e se torna um risco para nós. Ela torna-se um grupo de interesse próprio, com suas carreiras, suas culturas e suas ambições, e assim lutará não apenas para aumentar os seus recursos e o seu poder, como para minar a oposição e a resistência à sua projeção política. O nosso objetivo passa a ser, assim, o de limitar o poder desse governo, dessa burocracia que constituímos inicialmente para nos proteger.[2]

É por isso que uma das preocupações centrais de qualquer Democracia é a concentração de poder; é evitar que um grupo ou uma instituição detenha influência e força demais em nossa sociedade. Michael Oakeshott, por exemplo, afirma que a liberdade depende da dispersão de poder; em seu *Rationalism in Politics and Other Essays*, ele diz que "a ausência na nossa sociedade de concentrações esmagadoras de poder" é "a condição mais geral da liberdade, tão geral que todas as outras condições podem ser vistas como incluídas nela".[3]

Dar poder ao estado para regular a nossa expressão – e, ao mesmo tempo, esperar que ele não abuse desse poder para silenciar os seus críticos – constitui grave e imprudente erro de juízo. Qualquer governo ou instância de poder utilizará a regulação estatal do discurso para os seus próprios interesses, ou seja, para eliminar a contestação à sua posição e para preservar o seu poder. Se dermos poder ao estado para definir aquilo que pode e não ser dito, depois não teremos mais como o controlar ou parar.

No início das restrições pode até ser que o governo enfoque realmente apenas o discurso mais vil, apenas os inimigos da liberdade; mas e depois? Ao aceitarmos as restrições, o assunto passa para os burocratas e seus tribunais, os quais tornam-se as autoridades que definirão a identidade desses "inimigos"; ao aceitarmos as restrições, nós aceitamos um estado de coisas que normaliza o patrulhamento do debate público pelo aparato estatal. E como afirma Aryeh Neier, "quase inevitavelmente, o governo confunde os inimigos das suas políticas com os inimigos da liberdade".[4]

3. QUEM ADJUDICA? (QUEM DECIDE O QUE É CERTO?)

Aqui talvez resida uma das grandes diferenças de premissa entre o liberalismo e outras filosofias políticas no debate sobre a Liberdade de Expressão. Ao mesmo tempo em que quero combater o discurso extremista, eu também me preocupo com a concentração de poder, que é a condição mais fundamental para a manutenção da Liberdade, como diz Oakeshott; então eu não quero dar poder ao governo para regular a minha boca, pois invariavelmente ele abusará desse poder. Estamos assim diante de um dilema: eu quero combater o discurso extremista, mas não quero dar poder a quem o poderia fazer pela força. Distintas filosofias políticas solucionarão esse dilema de distintas maneiras.

Os liberais defensores da ampla Liberdade de Expressão tenderão a restringir ao máximo a intervenção estatal: dados os seus riscos, a intervenção estatal somente vale a pena em casos extremos, quando há dano físico iminente, como veremos mais à frente; nesse caso, a despeito dos riscos de tirania, a intervenção vale o custo-benefício. (Para outras filosofias políticas, no entanto, a premissa é outra: a intervenção estatal é vista com otimismo, os riscos de tirania são minimizados (ou até bem aceitos), e assim pode-se empreender o estado no combate ao discurso de ódio e outras expressões extremistas.)

5

Outra justificativa para a Liberdade de Expressão, também de natureza consequencialista, é a *razão das consequências não-intencionais*. Em diversas iniciativas para restrição da expressão – como por exemplo para restrição de "discurso de ódio" –, há mais boa vontade que prudência, e assim acaba-se por prejudicar as próprias minorias que, inicialmente, essas iniciativas buscavam proteger.

Em seu *Hate: why We Should Resist it with Free Speech, not Censorship*, Nadine Strossen aponta diversos exemplos de legislações que acabaram sendo aplicadas precisamente contra a minoria que almejavam proteger. Por exemplo, ela menciona que a primeira pessoa condenada com base numa lei britânica de 1965 – British Race Relations Act, promulgada para aplacar o racismo contra minorias – foi um cidadão negro, por ter xingado um policial branco.[5]

No capítulo 1 mencionei o caso dos nazistas que queriam marchar em Skokie em 1977. Em sua tentativa de impedir a marcha, o governo municipal de Skokie criou diversas leis para dificultar a realização da manifestação. Só que essas leis foram tão amplas, mas tão amplas, que depois foram utilizadas para impedir a realização de uma marcha dos judeus veteranos de guerra.[6] A intenção original bonita – de proibir a marcha dos nazistas – acabou gerando a consequência não-intencional (embora previsível) de limitar a Liberdade de Expressão de outras pessoas, inclusive de judeus.[7]

6

Algumas pesquisas demonstram que, atualmente, a esquerda é mais favorável à proibição de discurso ofensivo à minoria do que a direita; em pesquisa da Pew Research de 2015, por exemplo, lê-se que 35% dos democratas acreditam que o governo deve ter o poder de impedir esses discursos (contra 18% dos republicanos e 27% dos independentes).[8]

Os argumentos a favor da Liberdade de Expressão que trago neste livro são agnósticos, quer dizer, eles são válidos independentemente de o leitor ser mais próximo da esquerda, da direita, ou de qualquer outra denominação política. Mas para o leitor mais próximo da esquerda, talvez seja útil trazer o alerta de Glenn Greenwald: em artigo de 2017 para o *The Intercept*, Greenwald demonstra como a legislação contra discurso de ódio na Europa, que inicialmente buscava limitar o discurso da extrema-direita, acabou-se voltando contra pautas caras à própria esquerda. Por exemplo, ele cita o caso de 12 palestinos que foram condenados na França, em 2015, porque defenderam boicote contra Israel, boicote esse que foi considerado discriminatório. Outro caso é o de Azhar Ahmed, um britânico muçulmano que, após alguns soldados britânicos terem sido mortos no Afeganistão, fez um post no Facebook dizendo que todos os soldados deveriam morrer e ir para o inferno.

Como afirma Greenwald, "é assim que as leis de discurso de ódio são utilizadas em quase todos os países em que elas existem: não apenas para punir os extremismos da direita que muitos ativistas acreditam que serão suprimidos, mas também uma ampla gama de opiniões que muitos na esquerda acreditam

3. QUEM ADJUDICA? (QUEM DECIDE O QUE É CERTO?)

que deveriam ser permitidas, se não aceitas de imediato. *É claro* que isso é verdade: em última análise, o que constitui 'discurso de ódio' será decidido pelas maiorias, o que significa que são as opiniões minoritárias que são vulneráveis a supressão".[9]

A legislação contra discurso de ódio, um dos álibis mais recentes dos censores modernos, tem produzido assim uma série de consequências não-intencionais, muitas das quais atingem as próprias minorias que se queriam proteger.[10]

7

Um caso emblemático é o de Émile Zola, escritor francês condenado em 1898 por publicar em jornal sua carta "J'Accuse...!" [Eu acuso], em que expunha os erros e o antissemitismo por trás da condenação de Alfred Dreyfus por traição. Dreyfus era um capitão do exército francês que, em 1894, fora condenado injustamente por traição. O caso mobilizou a França da época, tendo-se tornado um grande escândalo político e uma infeliz demonstração da resiliência do antissemitismo no país. Em 1906, o julgamento foi anulado e Dreyfus foi reintegrado ao exército.

Pela publicação de "J'Accuse...!" – por defender Dreyfus, por apontar os erros da investigação, e por sua crítica contundente às instituições – Émile Zola foi condenado por difamação.[11] Em vez de proteger a minoria perseguida e injustiçada, a restrição à expressão serviu para condenar precisamente aquele que ousou apontar o dedo às instituições e revelar seus vieses e preconceitos.

8

Outro exemplo curioso é o de como uma legislação de inspiração feminista terminou por restringir a Liberdade de Expressão de mulheres. Historicamente, movimentos de oposição à pornografia costumavam ter motivação moralista e paternalista, visando à promoção dos "bons costumes" e à proteção das pessoas consideradas vulneráveis, como crianças, mulheres e homens pobres. Eram movimentos para "supressão do vício", para garantia da "pureza moral", e que acreditavam que a pornografia prejudicava a civilização das classes inferiores.[12]

A censura nunca foi necessária contra homens ricos e escolarizados, pois são bem formados o suficiente para não se deixarem levar pelas más insinuações da literatura subversiva. E é por isso que sempre que uma nova mídia é inventada, sempre que se expande o público da comunicação, ressurgem as mesmas preocupações: e se isso aqui cair na mão do povão? E na mão da tia do zap? Esse pessoal não tem maturidade nem formação para lidar com informação livre; então é melhor censurar. (Discutiremos esse impacto das novas mídias mais à frente.)[13]

Nos anos 1980, no entanto, o movimento antipornografia ganhou nova justificação: uma ala do movimento feminista começou a militar a favor da proibição de pornografia, ou pelo menos da pornografia que degrade as mulheres. Segundo o argumento, a pornografia objetifica a mulher, contribui para a violência de gênero, rebaixa a sua posição simbólica na sociedade, dentre outras razões que ferem a igualdade entre homens e mulheres. Em seu *Towards a Feminist Theory of the State*, Catharine MacKinnon diz que a "pornografia, na visão feminista, é uma forma de sexo à força, uma prática de política sexual, uma instituição da desigualdade de gênero",[14] e que "a defesa liberal da pornografia como liberação sexual humana, como desrepressão – seja por feministas, marxistas ou neofreudianos – é uma defesa não apenas da força e do terrorismo sexual, mas também da subordinação das mulheres".[15] (Não é o meu objetivo aqui aprofundar esses argumentos. Para o leitor que o quiser fazer, e inclusive para conhecer uma visão feminista anti-antipornografia, deixo algumas referências).[16]

Agora façamos um experimento mental. Imagine que um grupo de feministas logre aprovar uma regulação que proíba, ou pelo menos restrinja bastante, a produção e a disseminação de pornografia. Diante desse cenário, e conhecendo o que você conhece sobre o Brasil e o mundo, que tipo de pornografia você acredita que seria alvo do aparelho repressor estatal? Você acha que denunciariam o que, e a que denúncias a polícia responderia com maior zelo? Quem seria perseguido e atingido com mais frequência e maior contundência: a pornografia cis hétero papai-mamãe, ou a pornografia gay, trans, sadomasô e demais afluências desviantes da hétero-convenção?

9

No Canadá, o código criminal prevê o crime de produção e divulgação de material obsceno.[17] Só que a Carta Canadense de Direitos e Liberdades prevê, como direito fundamental, a Liberdade de Expressão.[18] Há aqui, evidentemente, uma contradição entre as leis: no caso de alguém produzir pornografia, qual lei é aplicável, a que proíbe a atividade ou a que garante a Liberdade de Expressão? Contradições entre leis volta e meia ocorrem – às vezes por desleixo da técnica legislativa, mas às vezes pelo objetivo (correto) de se evitar a complexidade, o que invariavelmente torna as leis genéricas, subespecificadas, sem uma definição exaustiva de quais princípios devem prevalecer em cada caso; então muitas vezes as contradições legais são apenas o resultado natural do esforço (positivo) de não tornar as leis complexas demais. Como costuma ocorrer nessas situações, o escopo de aplicação da lei vai-se detalhando aos poucos, por meio da jurisprudência dos tribunais (dos casos julgados que servem de precedente a julgamentos futuros).

Em 1992, a Suprema Corte do Canadá avaliou o caso *R v. Butler*,[19] que julgava Donald Butler, dono de uma loja de vídeo localizada em Winnipeg, na província de Manitoba, Canadá. Ele foi acusado por várias ocorrências de "venda de material obsceno, posse de material obsceno para distribuição ou venda, e por expor material obsceno à vista do público".[20] Em sua decisão, a Corte entendeu que determinados limites à Liberdade de Expressão são aceitáveis, inclusive o limite imposto pelo código criminal ao proibir a pornografia. Nem toda pornografia, no entanto, deve ser proibida; e assim a Corte estabeleceu um "teste" jurídico, um mecanismo lógico-linguístico que nos auxilia a determinar se algo faz parte do escopo da aplicação da lei ou não. De acordo com o teste definido pela Corte, "representações explícitas de sexo que não incluam violência, não sejam degradantes nem desumanizadoras, e que não envolvam crianças, não devem ser entendidas em geral como obscenas".[21]

Como essa decisão impõe limites ao que deve ser considerado "obsceno", muitas pessoas favoráveis à liberdade celebraram; se apenas esses casos específicos são proibidos, não estariam os demais permitidos? Numa análise superficial, a decisão parecia um avanço para os que defendem o direito fundamental à Liberdade de Expressão.

Muitos analistas perceberam, contudo, o grave precedente que o caso gerava. Em seu livro *Bad Attitude/s on Trial*, Brenda Cossman et al. dizem que "feministas antipornografia têm afirmado que a decisão em *Butler* foi uma vitória feminista inequívoca, representando uma interrupção decisiva e importante na história da lei de obscenidade como uma forma de regulação moral. (...) Nós não acreditamos que a decisão em *Butler* seja uma vitória inequívoca para o feminismo – de fato, nós não a vemos como nenhum tipo de vitória".[22] Como as autoras afirmam, depois de *Butler* a pornografia heterossexual comum circulava sem problemas; mas "qualquer representação que insinue sexualidades alternativas continua a ser alvo de intenso escrutínio".[23]

Seis semanas depois da decisão, a Glad Day Bookshop, uma livraria de material gay e lésbico, foi alvo da polícia de Toronto por vender a revista *Bad Attitude*, uma publicação erótica lésbica. Em 1993, a Corte Superior de Ontário condenou o dono e o gerente da livraria. Vejam a ironia: a primeira condenação pós-*Butler*, que visava a proteger as mulheres, foi precisamente num caso envolvendo uma revista lésbica (e não baseada numa representação heterossexual em que um homem supostamente subordinaria, desumanizaria e degradaria uma mulher).[24]

A decisão da Corte destacou um artigo da revista em especial, um conto erótico em que uma mulher avistou e passou a seguir uma outra mulher até o vestiário e, contra a sua vontade, colocou-lhe vendas, algemas e começou a abusar sexualmente dela. Gradualmente, a vítima passou a sentir prazer com a situação e a participar do encontro (ou seja: uma história típica de fetichização do estupro, só que com duas mulheres em vez de um homem e uma mulher). Para a Corte, não importava a orientação sexual da história, mas sim o fato de que se tratava de "subordinação por *bondage*" e "abuso nas mãos de um estranho"; e concluiu que "o fato de o agressor ser uma mulher é irrelevante porque o potencial para dano permanece".[25]

Em relatório publicado em 1994, a Human Rights Watch afirma que "em vez de melhorar a vida das mulheres, a decisão em *Butler* foi usada para processar uma revista lésbica, para destruir livros destinados a consumidores gays e para confiscar uma série de trabalhos políticos e eróticos. Essa experiência fornece uma lição sinistra para aqueles nos Estados Unidos que sacrificariam a liberdade de expressão para alcançar a igualdade entre os sexos".[26]

10

Novamente, alguns poderiam dizer que problemas assim apenas ocorrem porque a justiça decidiu mal; se ela tivesse decidido de maneira correta – ou seja, se aprimorássemos a qualidade da prestação jurisdicional –, não teríamos problemas com esse tipo de regulação da expressão.

O problema com esse argumento é que, primeiro, ele ignora completamente os riscos, e simplesmente baseia-se na esperança cega de que os agentes do estado agirão como enviados celestes; mas já falamos sobre isso.

O segundo ponto é que o prejuízo ao indivíduo não ocorre apenas com a condenação; mesmo na vitória, mesmo quando se é inocentado, o custo é alto – em especial o custo financeiro com advogados e o decorrente do tempo dedicado ao litígio. A própria livraria mencionada, a Glad Day, após participar de um outro processo (do qual saiu vencedora), afirmou ter dificuldades para sustentar financeiramente essas disputas judiciais. Apenas um de seus processos custou-lhe 100 mil dólares em advogados;[27] como esperar que livrarias e demais grupos possam lutar, na justiça, para vencer ataques à sua Liberdade de Expressão?

Mesmo quando aplicada com parcimônia e justiça, a regulação produz efeitos nocivos. Mesmo que haja apenas um inquérito policial que não dê em nada, ainda assim, quem deseja (e tem os meios para) arriscar ter de ir depor à polícia por um discurso? A restrição à Liberdade de Expressão cria um efeito inibidor, um susto dissuasório, e muitos acabam-se autocensurando para evitar que o estado sequer cogite algum tipo de repressão. Em especial aqueles que não teriam recursos para enfrentar os custos judiciais envolvidos; ou seja, as minorias, os oprimidos, os com menos poder político são precisamente os mais afetados. Silencia-se, assim, uma série de ideias – inclusive aquelas de minorias que, a princípio, não seriam os alvos intencionais da regulação.

11

Para ressaltar o que seria o tratamento adequado ao tema da pornografia, é útil verificarmos o que ocorreu nos EUA, onde o movimento antipornografia teve outro percurso. Em 1984, a cidade de Indianápolis (estado de Indiana, EUA) aprovou uma lei municipal que proibia pornografia degradante à mulher. (A redação dessa lei contou com a participação de Catharine MacKinnon e Andrea Dworkin). No ano seguinte, no entanto, no julgamento do caso *American Booksellers Association v. Hudnut*, a lei foi considerada inconstitucional por ferir a Liberdade de Expressão.[28]

Um dos argumentos relevantes para a inconstitucionalidade dessa lei refere-se ao princípio da neutralidade quanto ao conteúdo, ou *neutralidade do ponto de vista*: se uma cidade quiser proibir passeatas de madrugada (para não perturbar o sono dos cidadãos, por exemplo), ela deve fazer isso sem que a sua regulação faça distinções quanto ao conteúdo da passeata; ou seja, para que seja justa, a restrição não pode ter um alvo específico: ela deve ser geral e agnóstica quanto à mensagem veiculada.

Baseando-se nisso, o juiz Frank Easterbrook afirmou em sua decisão: "A lei discrimina com base no conteúdo da expressão. Expressão tratando a mulher do jeito aprovado – em interações sexuais 'baseadas na igualdade' – é legal independentemente do quão sexualmente explícita ela seja. Expressão tratando a mulher do jeito proibido – como submissa sexualmente ou obtendo prazer em ser humilhada – é ilegal independentemente do quão relevante sejam as qualidades literárias, artísticas ou políticas do trabalho como um todo. O estado não pode determinar um ponto de vista preferido dessa maneira. A Constituição proíbe o estado de declarar uma perspectiva correta e de silenciar as demais."[29]

12

Uma das dificuldades centrais em se regular a Liberdade de Expressão, e que podemos chamar de *razão da ambiguidade linguística,* refere-se ao fato de que é impossível regular-se a expressão de maneira justa dado o fato de que a linguagem – seja oral, escrita ou simbólica – é sempre ambígua, incerta, iridescente, refletindo cores distintas a depender do ângulo com que se olha. Como construir uma regulação da expressão que leve em conta essa incerteza? Como garantir que determinada pessoa quis realmente dizer aquilo que nós interpretamos? Como

3. QUEM ADJUDICA? (QUEM DECIDE O QUE É CERTO?)

levar em conta a linguagem indireta, metafórica, figurada, ao adjudicar os casos de regulação do discurso? Como garantir tudo isso a um nível de certeza que nos deixe confortáveis em punir alguém por um discurso proibido por essa eventual (e infeliz) regulação? Como garantir que alguém não se aproveitará dessa ambiguidade para nos perseguir, afirmando que dissemos algo que realmente não quisemos dizer?

Diversos casos recentes exemplificam esse problema da dificuldade de adjudicação em meio à ambiguidade da linguagem.

Em junho de 2020, por exemplo, o escritor João Paulo Cuenca postou no Twitter que "O brasileiro só será livre quando o último Bolsonaro for enforcado nas tripas do último pastor da Igreja Universal". Devido a esse tuíte, o autor sofreu inúmeros processos, foi desligado da Deutsche Welle e teve a sua conta do Twitter bloqueada pela justiça.[30] Em interpretação superficial e literal, o tuíte pareceria indicar que estripar pastores e utilizar as suas tripas para enforcar membros da família Bolsonaro seria algo benéfico, pois o país tornar-se-ia "livre"; mas ainda assim, configuraria isso uma ameaça? É possível fazer isso com uma tripa – ela não rasga? (E faria diferença?) E dizer que a morte de alguém seria algo bom configura, necessariamente, uma ameaça?

Além disso, o tuíte tem um contexto: ele é uma adaptação (mordaz, evidentemente) de uma frase de Jean Meslier do século XVIII. ("O homem só será livre quando o último rei for enforcado nas tripas do último padre.") Quem pode dizer, com certeza, que não se trata de uma metáfora? Estaria Cuenca fazendo apenas uma adaptação satírica, ou seria isso uma ameaça (em linguagem velada, mas ainda assim, uma ameaça)? Como precisar o real sentido? Quem adjudica? Esse é mais um dos muitos riscos de se regular a Liberdade de Expressão: como há sempre alguma ambiguidade, pode-se interpretar a fala de alguém de múltiplas maneiras, e assim torna-se quase impossível garantirmos justiça e segurança jurídica ao se mobilizar o aparato repressor do estado contra a consciência de uma pessoa.

Um outro caso, de 2018, é o do então candidato à presidência Jair Bolsonaro. Em discurso no Acre, ele disse "vamos fuzilar a petralhada aqui do Acre"; parece uma ameaça, não? Só que ele disse isso segurando um tripé (como se fosse a arma) e em tom jocoso, e logo em seguida disse "[vamos] botar esses picaretas para correr do Acre";[31] então seria esse o real sentido do que disse, apenas botar "para correr", no sentido de vencer as eleições? Ou ele realmente planejava fuzilar pessoas? Novamente: teria ele apenas utilizado uma hipérbole (uma figura de linguagem), ou se tratou de fato de uma ameaça? Quem adjudica?

Um terceiro caso, também de 2018, ocorreu em um comício do então candidato à presidência Guilherme Boulos, em que de repente a multidão começou a gritar em coro: "Ô Bolsonaro/Presta Atenção/A-sua-casa-vai-virar-ocupação."

Boulos ri de canto, faz a pausa em aporia, e comenta: "Olha, eu vou dizer pra vocês. O MTST [Movimento dos Trabalhadores Sem Teto] ocupa terreno improdutivo. A casa do Bolsonaro não me parece uma coisa muito produtiva não." A inferência sugerida por Boulos é que, evidentemente, a casa dele seria uma legítima candidata a sofrer invasão; seria isso então uma ameaça de invasão? Ele disse isso a sério, tratou-se mesmo de uma ameaça, ou foi apenas um ataque retórico contra Bolsonaro? Quem adjudica? (Após a repercussão do fato, Boulos afirmou que fez apenas uma ironia.[32])

Há vários outros casos, como por exemplo um de 2020, quando o deputado federal Marcelo Freixo disse "nós temos que destruir o governo Bolsonaro".[33] O que significa "destruir"? Isso não seria um ataque à democracia, às instituições? Se "destruir" significa apenas "promover o seu *impeachment*" ou "vencê-lo nas eleições", por que usar a palavra "destruir"? Ele não conhece outros verbos? Mas também, por que não usar? Se ele acredita que uma hipérbole, que uma retórica mais ácida seja necessária, quem arbitra o contrário? Freixo ameaçou violência contra o governo, ou tratou-se apenas de uma hipérbole? Quem adjudica?

Podem-se julgar todas as frases acima inoportunas, grosseiras ou imorais; mas faltando a incitação direta à violência, as frases encontram-se sob a proteção da Liberdade de Expressão. Pode-se ainda considerá-las de mau gosto, mas gosto pessoal não tem nada a ver com o certo ou o justo; aliás, um dos graves riscos à liberdade é exatamente a libido censória agindo em nome do bom gosto, do bom-tom, dos bons costumes, da liturgia; tem gente que acha que o seu medidor interno de desconforto funciona também como bússola da moral e da justiça – se me senti mal, é porque ruim, logo deve ser proibido; só que uma coisa não tem relação com a outra. Confundir desconforto com injustiça é um erro que tem levado muita gente bem-intencionada a apoiar investidas autoritárias contra a liberdade alheia.

13

A Liberdade de Expressão não é um direito como qualquer outro; em regimes democráticos, é por meio da exposição de ideias – do debate, da disputa retórica, da persuasão – que se mantêm a competição eleitoral, a transição de poder e os demais direitos e liberdades. É apenas por meio da Liberdade de Expressão que se pode, por exemplo, cobrar, pressionar, acusar as "autoridades" e exigir a prestação de contas (o *accountability*) daquilo que têm feito com o nosso voto e o nosso dinheiro; é apenas por meio dela que se pode denunciar a interferência e promover a defesa dos nossos demais direitos (como, por exemplo, a liberdade política, o direito à vida, a liberdade econômica, e assim por diante). Além de uma liberdade fundamental em si mesma, a Liberdade de Expressão é um instrumento para a garantia dos demais direitos e liberdades.

14

Por fim, a limitação à Liberdade de Expressão é contraproducente, por uma série de motivos. Primeiro, porque se não conhecemos as ideias torpes, não temos como combatê-las; nós fechamos a possibilidade do diálogo, eliminando a possibilidade de que as pessoas mudem de ideia e abandonem as suas opiniões odiosas.[34] A Liberdade de Expressão é fundamental porque a maneira mais eficaz de combater o discurso hediondo é expondo-o à luz do dia, ao escrutínio público, e ao confronto com as nossas ideias.[35]

Segundo, porque os esforços de censura acabam gerando publicidade e permitem que o grupo censurado se apresente como destemido, iconoclasta, verdadeiro, heroico. Como afirma Glenn Greenwald, "a presunção de que a censura enfraquecerá grupos de ódio e os fará desaparecer é o contrário da realidade. Nada fortalece mais os grupos de ódio do que a censura, já que isso os transforma em mártires da liberdade de expressão, alimenta o seu sentimento de queixa/ressentimento e os força a buscar meios mais destrutivos de ativismo".[36]

Terceiro, isso retira recursos e tempo dos crimes que realmente devemos combater; em vez de colocar a polícia para investigar um texto racista, por que ela não está investigando um assassinato ou algum outro crime violento? Será que esse é o melhor uso que podemos fazer dos recursos (sempre limitados) do estado?

Por fim, toda limitação estatal da Liberdade de Expressão promove uma normalização desse papel do estado; as pessoas habituam-se a aceitar que o estado pode silenciar e tutelar o ecossistema de informação. Isso ocorreu, inclusive, durante a República de Weimar, cujos mecanismos de censura acostumaram os cidadãos à censura posterior promovida pelo governo nazista.

15

Em qualquer discussão sobre Liberdade de Expressão alguém referirá, cedo ou tarde, à Alemanha nazista; em especial ao período conhecido como República de Weimar (1918-1933), em que a ideologia do nazismo (nacional-socialismo) ganhou influência, alçou-se ao poder com a designação de Adolf Hitler como chanceler em 1933 e construiu as condições para a barbárie da Segunda Guerra Mundial e do Holocausto.

A visão comum dessa história afirma que Weimar era uma democracia mais ou menos estável, e que foi o discurso de ódio (e a Liberdade de Expressão que o permitia) que contribuiu para a tragédia; que Hitler era um grande orador e manipulador, contava com grandes propagandistas (como Joseph Goebbels) e assim, por meio da magia do seu carisma e do magnetismo da sua propaganda, logrou conduzir a população à guerra e ao Holocausto. Nessa visão comum, a hipótese contrafactual seria a seguinte: se ao menos nós tivéssemos restringido o discurso de ódio, se ao menos tivéssemos reduzido a Liberdade de Expressão dos antissemitas, a catástrofe não teria ocorrido (ou ao menos teria sido bastante atenuada).

O problema é que essa hipótese esbarra na realidade; simplesmente não há base empírica para se fazer essa asserção. A lei alemã proibia diversos tipos de discurso: além de proibições relativas a difamação e injúria, o código criminal previa o crime de incitação violenta contra "classes" de pessoas. Muitas punições, como multas

3. QUEM ADJUDICA? (QUEM DECIDE O QUE É CERTO?)

e prisões, foram efetuadas;[37] diversos líderes nazistas foram condenados (como Goebbels), e Hitler mesmo chegou a ser censurado pelo governo da Baviera, que o proibiu de discursar em 1925. Essa censura apenas serviu à propaganda nazista, que distribuiu cartazes incensando o líder nazista como um mártir injustiçado.[38]

Louis Kaplan conta que, entre 1923 e 1933, o *Der Stürmer*, um jornal antissemita, foi confiscado ou processado em 36 ocasiões.[39] Julius Streicher, membro do partido nazista e fundador desse jornal, chegou a receber duas sentenças de prisão; segundo Flemming Rose, no entanto, essas prisões apenas o ajudaram em sua causa: enquanto ia para a prisão, Streicher era acompanhado por uma multidão de apoiadores. Ainda segundo Rose, "em 1930, ele foi saudado por milhares de fãs de fora da prisão, estando Hitler entre eles. As Cortes alemãs tornaram-se uma plataforma importante para a campanha de Streicher contra os judeus".[40]

Pode-se alegar que o problema não foi a falta de leis, mas a sua aplicação tíbia e leniente; se policiais, promotores e juízes tivessem sido mais duros, o nazismo teria sido aplacado a tempo. (Doskow e Jacoby, no estudo já citado, mencionam uma certa leniência geral com o antissemitismo na Alemanha.) Mas aqui voltamos ao paradoxo do oprimido: se há perseguição geral a uma minoria, de onde sairão os agentes do estado que trabalharão para proteger essa minoria? Se o preconceito é generalizado, não é de se esperar que o aparato estatal seja leniente com os preconceituosos?

E mais: como ter certeza de que não foi o contrário que ocorreu, quer dizer, como ter certeza de que essas leis restritivas não auxiliaram os nazistas? Essa especulação é plausível por dois motivos: a censura e a perseguição aos nazistas teriam-nos beneficiado pela propaganda, ao permitir que eles se fizessem de mártires; e teriam-nos beneficiado por deixar o seu caminho mais desimpedido, ao servir à perseguição dos seus adversários políticos. Em seu *Harmful and Undesirable: Book Censorship in Nazi Germany*, por exemplo, Guenter Lewy menciona que os escritores de esquerda eram, em particular, alvos da proibição constitucional de traição e conspiração.[41] Kara Ritzheimer confirma o diagnóstico de que o judiciário era mais leniente com grupos de direita,[42] assim como William Shirer, que afirma que as punições por alta traição não eram tão graves para quem fosse de direita, enquanto que "centenas de esquerdistas alemães foram condenados a longas penas de prisão com base em acusações de traição porque eles revelaram ou denunciaram na imprensa ou em discurso as violações constantes do Tratado de Versalhes pelo exército".[43]

Com o acirramento da crise política e a publicação de diversos decretos emergenciais, a burocracia alemã acumulou cada vez mais poder, alcançando o ponto em que, segundo Martin Broszat, "a República evoluiu para um estado autoritário dirigido por servidores públicos".[44] Em julho de 1931, por exemplo, um novo decreto deu à polícia "o poder de confiscar qualquer publicação que ameaçasse a segurança e a ordem pública".[45] E em junho de 1932, um outro decreto proibiu publicações que ameaçassem "os interesses vitais do estado ao disseminar inverdades ou fatos distorcidos" ou, ainda, que difamassem ou causassem, com malícia, o desprezo/desacato aos órgãos ou às principais autoridades do estado.[46]

Como se vê, e ao contrário do que muitos pensam, havia leis contra o discurso de ódio e contra "ataques" às instituições em Weimar, e isso não foi suficiente para impedir a tragédia de sua história. Como afirmam Doskow e Jacoby, "a experiência alemã demonstra, assim, que um conjunto de regras nos códigos (...) não fornece uma barreira para o triunfo de uma campanha fanática para culpar uma minoria indefesa pelas desgraças da nação".[47] Mas então qual foi o real problema de Weimar? Por que a proibição ao discurso de ódio não foi suficiente para impedir o avanço do nazismo?

A história da República de Weimar não é simples, evidentemente; essas descensões históricas brutais são como acidentes de avião: não há uma causa única, mas sim uma série de fatores que precisam dar errado conjuntamente para que a catástrofe ocorra. E talvez alguns episódios históricos nem sejam totalmente explicáveis: como uma sociedade como a Alemanha de Weimar, com uma democracia razoavelmente promissora,[48] pode ter dado tão errado e ter levado ao cometimento de tantas atrocidades? Não é um assunto simples, e não pretendo dar aqui uma resposta definitiva.

O primeiro ponto a se notar é o da violência política; como afirma Aryeh Neier, os nazistas não ganharam adeptos simplesmente por seu sucesso na livre troca de ideias e na persuasão; eles aterrorizavam a população, inclusive com diversos assassinatos de adversários e líderes políticos, muitos dos quais não resultavam em qualquer punição.[49] Em sua biografia de Walther Rathenau (ministro das Relações Exteriores da Alemanha, assassinado em 1922), Harry Kessler informa que "assassinato político havia se tornado, à época, um dos lugares-comuns da vida pública alemã em um grau difícil de acreditar". Ele cita um estudo que apontou mais de 300 assassinatos políticos entre 1918 e 1922 (isso apenas a sangue-frio, sem contar mortes ocorridas em brigas de rua e conflitos similares a guerras civis). Kessler diz

3. QUEM ADJUDICA? (QUEM DECIDE O QUE É CERTO?)

ainda que o assassinato havia se tornado "quase honrado como uma forma legítima de atividade política por uma fração bastante considerável do povo alemão".[50] Some-se a isso a leniência da justiça com esses criminosos, e tem-se estabelecida uma receita para um autoritarismo cada vez mais sanguinário.

Como afirma Shirer, "as leis de traição eram implacavelmente aplicadas aos apoiadores da República; aqueles à direita que tentavam derrubá-la (...) saíam-se ou livres ou com a mais leve das sentenças".[51] Adolf Hitler mesmo foi beneficiado por essa leniência no seu julgamento por ter liderado a tentativa de golpe conhecida como Beer Hall Putsch (1923). Muito embora a lei alemã previsse a prisão perpétua para quem buscasse alterar o regime à força, Hitler foi condenado a cinco anos de prisão e posto em liberdade condicional após menos de nove meses cumpridos. Como se vê, o problema não eram determinados discursos ofensivos, nem uma cacofonia geral provocada por discursos de ódio; o problema aqui é a leniência com a violência mesmo, com o exercício da força bruta para impor uma visão política de maneira autoritária; o problema é que o regime era o exato oposto de um regime que realmente consagrasse e protegesse a Liberdade de Expressão de todos.

Além da violência política, historiadores têm apontado uma série de outros fatores, claro: a derrota na Primeira Guerra Mundial e as condições "difíceis" do Tratado de Versalhes; tentativas de golpe, à esquerda e à direita; o antissemitismo e o nacionalismo alemão; hiperinflação e desemprego; a falta de legitimidade da república, tanto entre cidadãos quanto entre servidores públicos; incapacidade de obter apoio do exército à república; e assim por diante. Em seu *Weimar Germany: Promise and Tragedy*, o historiador Eric Weitz afirma que, dentre muitas razões, a democracia alemã pereceu na década de 1930 pela ausência de uma crença compartilhada sobre democracia a que diversos grupos pudessem dedicar a sua lealdade; como ele diz, "a democracia precisa de convicções democráticas e de uma cultura democrática que perpasse todas as instituições da sociedade, e não apenas as instituições políticas formais".[52] E Robert Gerwarth lembra que a descrença na democracia não era apenas um problema alemão; segundo ele, na década de 1930 "a democracia era cada vez mais percebida por muitos europeus como uma forma de governo ultrapassada e inadequada, incapaz de lidar com a queda socioeconômica e política da Grande Depressão".[53]

No que se refere à Liberdade de Expressão, Weimar fracassou no lado oposto: fracassou em não proteger a liberdade dos adversários do nazismo, que eram abandonados à violência de rua praticada pelos nazistas. Como lembra Neier, "a violência é a antítese do discurso";[54] a violência política não apenas atrapalha o debate público: ela intimida, coage, silencia a opinião livre dos demais. Não há função mais legítima do estado que proteger a liberdade dos cidadãos, e isso significa, dentre outras coisas, investigar, julgar e punir aqueles que cometem violência. A Liberdade de Expressão deixa de existir quando alguns grupos tornam-se livres para violentar e silenciar aqueles que pensam diferente.

Há lições importantes que podemos tirar de Weimar, mas é preciso tirar as lições certas. Weimar não era uma democracia estável que, por conta de um suposto "excesso" de Liberdade de Expressão, acabou assim permitindo a ascensão de grupos antissemitas e totalitários. O que devemos aprender com Weimar é que as condutas violentas é que realmente importam; se as instituições não estiverem dispostas a punir a violência, em especial a violência política, não serão leis limitantes do discurso que frearão fanáticos e extremistas. Não é a suástica pintada que leva ao campo de concentração, nem um grande orador que, como um flautista de Hamelin, conduz crianças enfeitiçadas para o destino que arbitrar; são as ameaças, os assassinatos e o clima de terror geral causado pela violência que, ao intimidarem e silenciarem toda oposição, impõem conformidade e logram consolidar o seu projeto autoritário.

4. "O limite é a lei", o "paradoxo da tolerância" e outros sonambulismos

1

Mas isso significa então que não há nenhum limite? Que eu posso utilizar a Liberdade de Expressão para pedir a um matador de aluguel que assassine alguém? Para oferecer suborno a um funcionário público? Para publicar pornografia infantil? Para mentir no rótulo de um produto? Evidentemente que há exceções, e esses quatro casos são bons exemplos de situações que não contam com a proteção do princípio da Liberdade de Expressão.

Alguns veem essas limitações e pensam que descobriram um grande pulo do gato: "Ahá! Então quer dizer que não existe Liberdade de Expressão de fato! Um princípio somente é válido se não houver exceção nenhuma; mas se há um limite à Liberdade de Expressão, pode haver vários, e então tenho o álibi moral para fazer avançar o *meu* limite, para assim moldar o debate público de acordo com as minhas preferências pessoais."

O problema é que, se for assim, não existe liberdade nem direito nenhum, porque sempre há alguma exceção ou limite; mesmo o direito à vida tem exceções (no caso em que você agride alguém e é morto em legítima defesa, por exemplo). Nem por isso faria sentido dizer que, já que há essa exceção, estamos livres para inventar outras exceções ao direito à vida. Ou seja: trata-se menos de um argumento que de uma artimanha retórica para promover um vale-tudo jurídico que legitime todo e qualquer limite à Liberdade de Expressão.

A existência da exceção a princípios deve-se a uma simples questão de incompatibilidade entre a complexidade da realidade e a linguagem simples de que precisamos para sermos cognitivamente mais eficientes. Por exemplo: você pode ler um guia de viagem de 100 mil páginas, mas você também pode ler uma versão resumida de 100 páginas e, quando eventualmente decidir visitar um ponto turístico específico, ler a versão estendida original sobre aquele ponto específico. É evidente que a versão resumida será menos precisa; é uma compressão de informação que envolve perda de dados. Mas a versão resumida permite que tenhamos uma noção geral, uma visão do todo, coisa que seria impossível de alcançar com a versão original (em especial porque não valeria a pena o investimento de tempo em a ler por completo).

Um princípio é a versão resumida da realidade complexa; é a imagem comprimida, simplificada, pixelada, de baixa resolução; é o mapa que mostra o país inteiro mas não os detalhes dos buracos da sua rua; é como ensinar ao filho a regra geral de "não faça aos outros aquilo que você não quer que façam com você" mesmo sabendo que, em determinadas ocasiões, o princípio não se aplica (no caso de masoquistas, por exemplo). Como se vê, princípios admitem exceções por esse simples fenômeno da incompatibilidade entre a realidade complexa e a linguagem eficiente.

Mas a artimanha do oba-oba até que é útil, porque ela aponta para um problema real: como estabelecer os limites à Liberdade de Expressão com algum critério, com princípios consistentes, de maneira que a discussão sobre exceções não se torne uma mera disputa de força, uma mera guerra política em que facções brigam para criminalizar as opiniões adversárias?

2

Há censores que iniciam o seu argumento da seguinte maneira: devemos garantir a Liberdade de Expressão de quem quer restringir a nossa Liberdade de Expressão?

Eu adoro quando um argumento se resolve com a mera anteposição de um espelho; porque na minha perspectiva, na minha visão da Liberdade de Expressão, o censor também está buscando restringir a minha Liberdade de Expressão

4. "O LIMITE É A LEI", O "PARADOXO DA TOLERÂNCIA" E OUTROS SONAMBULISMOS

ao fazer os seus argumentos restritivos. Ao defender a proibição de "discurso de ódio", de *fake news*", de "negacionismo científico", o que ele está fazendo não é tentar restringir a minha expressão? Então eu deveria buscar restringir a Liberdade de Expressão dele? Segundo os critérios dele, ele próprio precisaria ser silenciado.

E a coisa aqui não tem limite, obviamente, porque distintas ideologias e visões de mundo entendem o papel da Liberdade de Expressão de distintas maneiras. Por exemplo, é sabido que regimes socialistas e comunistas buscam controlar o fluxo de informação, muitas vezes estatizando os meios de comunicação e perseguindo adversários e dissidentes. Deveríamos então proibir o socialismo? Cassar o registro dos partidos comunistas? Eu não defendo isso, evidentemente, pois penso que a Liberdade de Expressão deve ser defendida inclusive para aqueles que desejam limitar a expressão alheia; estou apenas apontando as consequências necessárias das premissas que o próprio censor adotou.

3

Um outro obstáculo retórico diz mais ou menos assim: "Está muito exagerado esse negócio de Liberdade de Expressão! Isso é tudo desculpa para disseminar discurso de ódio, *fake news* e ataques à democracia!"

Olha, que isso acontece, não tenho dúvidas, pois toda a liberdade traz riscos: da mesma maneira, há um monte de gente que usa a liberdade de ir e vir só para sair na rua e assaltar os outros. Mas assim como muitos racistas buscam-se amparar na Liberdade de Expressão, há muitos autoritários que buscam-se amparar na *restrição* à Liberdade de Expressão, e fazem uso do álibi do "combate ao discurso de ódio" para moldar o debate público à sua imagem e semelhança; usam esse álibi como ferramenta para silenciar adversários e ideias que lhes sejam inconvenientes. Ou seja: independentemente dos mal-intencionados que usam a Liberdade de Expressão como amparo legal à sua insídia, os benefícios da liberdade superam em muito os seus riscos e seus custos, além de ser um valor de princípio (deontológico, como vimos) fundamental.

4

É comum ouvirmos também o seguinte truísmo: "É fácil definir os limites da Liberdade de Expressão: o limite é a lei." E assim, como que num abracadabra, parecem esclarecidos os limites que devemos respeitar ao nos expressarmos.

Mas imagine que estejamos no século XIX discutindo os limites da liberdade individual, e aí alguém diga assim: "Onde pensais estar o limite da vossa liberdade? Tendes o direito de escravizar alguém?" E o outro responde: "Ora pois, é fácil definir o limite da minha liberdade; o limite é a lei!" Bom, se o limite é a lei, então não temos nada mais a discutir: a lei diz que a escravidão é legal, então o sujeito tem o direito de ter escravos – o que, obviamente, seria uma conclusão burra e imoral.

Quando estamos discutindo os limites de alguma coisa, em especial de algo tão contencioso quanto a Liberdade de Expressão no debate público contemporâneo, nós não estamos discutindo o limite atual prescrito na legislação; para isso bastaria ligar para um estagiário de direito e tirar a dúvida. Numa democracia não é só a lei que nos julga; nós também julgamos a lei. E não só a julgamos, como também a criamos e corrigimos. E há muitos casos em que a lei está errada, em que ela não é o melhor árbitro do justo e do injusto, e assim demanda a nossa crítica e a nossa mobilização para a sua modificação. Como se vê, dizer "o limite é a lei" não resolve nada, porque o que estamos discutindo é precisamente a natureza do justo *independentemente* da lei para, a partir dessa natureza, julgar a própria lei; e quando é a lei que está no banco dos réus, precisamos colocar outra coisa na bancada dos magistrados (como, por exemplo, o nosso senso de justiça e o nosso senso dos riscos de tirania envolvidos).

No caso da escravidão, a razão estava com os abolicionistas, que perceberam a essência injusta da escravidão e assim lutaram para torná-la ilegal. Eles concluí-ram que a escravidão era injusta não por causa da "lei" nem de seus "limites"; ao contrário, eles utilizaram a sua noção de justiça *independentemente da lei* para julgar e corrigir a própria lei. Ainda bem que os abolicionistas não caíram nessa conversa mole de que "o limite é a lei"; do contrário, o sistema escravocrata estaria em funcionamento até hoje.

Na pior das hipóteses, a frase provoca passividade e resignação com o estado de coisas, retirando a autonomia do cidadão para buscar o que é justo e para promover a adequação da lei. Se a lei dá todas as respostas, qual a necessidade de eu pensar? O código de leis dará todas as respostas que preciso ter sobre a vida. Na melhor das hipóteses, a frase é inútil e apenas troca uma pergunta por outra: mas então qual é o limite que uma lei justa e apropriada deve impor à Liberdade de Expressão?

5

Há um outro significado para a frase "o limite é a lei": muitos dizem isso no sentido de que podemos falar o que quisermos, menos defender condutas ilegais – o limite das suas ideias, das suas propostas no debate público, deve respeitar aquilo que a lei determina atualmente como legal; não pode fazer apologia ao crime! Então se a lei define que discurso de ódio é ilegal, por exemplo, nós não poderíamos nem discutir se essa lei é correta ou não.

A ideia é tão errada que até me constranjo em ter de apontar o seu problema: se assim fosse, o movimento abolicionista seria fora da lei, uma vez que significava um ataque ao que os senhores de escravos (e a ordem instituída) identificavam como propriedade legal. Da mesma maneira, no Brasil de hoje, por exemplo, ninguém poderia defender a legalização do aborto, haja vista se tratar de um crime tipificado no Código Penal brasileiro.

Se não pudéssemos defender aquilo que a lei determina como ilegal, não haveria possibilidade de correção de rumos nem de evolução da vida democrática. Numa democracia temos de ter sempre a abertura para discutir se a criminalização de uma conduta é correta ou não. E no que se refere à regulação da expressão (por exemplo, no caso da proibição de discurso de ódio), temos de ter sempre a abertura para discutir se essa proibição é correta ou não.

Note o leitor que não se trata de um debate sobre a qualidade do discurso de ódio em si; para mim nem há debate: racismo, antissemitismo e demais discursos de ódio são repugnantes mesmo, e todos temos o dever de os combater. O que faço aqui não é um *debate* sobre esses discursos em si, mas sim um *metadebate*, ou seja, um debate sobre a regulação do debate: devemos proibir esses discursos, ou é melhor combatê-los por meio de ideias? Na opinião que tenho apresentado neste livro, a melhor maneira de combater esses discursos (e evitar os riscos de tirania ao mesmo tempo) é por meio da ampla Liberdade de Expressão.

UM PEQUENO TRATADO SOBRE A LIBERDADE DE EXPRESSÃO

Mas há um certo desconforto que a apologia exerce no debate público que vale comentarmos, que é o efeito da desestigmatização de uma conduta. O problema é o seguinte: tomemos a questão do uso de drogas, por exemplo. Se você disser que quer legalizar o uso de drogas você não poderá dizer, ao mesmo tempo, que é algo péssimo a se fazer; ou melhor, você até pode, mas ao manter a estigmatização da conduta, você terá maior dificuldade em promover a sua legalização. Você terá de usar argumentos mais sofisticados, frases mais cheias de palavras, orações mais subordinadas, e dizer algo como: olha só, pessoal, usar crack faz mal, ninguém deveria fazer, mas entendo que é um direito individual e assim não deve ser criminalizado. Não é exatamente uma propaganda simples e direta, correto? E evidentemente que essa argumentação gerará dúvidas em algumas pessoas: se é tão ruim assim, por que descriminalizar? (É claro que a partir daqui você pode encetar o argumento liberal de que não é porque julgamos uma conduta ruim que devemos proibir essa conduta, que adultos são livres para fazer o que quiserem, inclusive prejudicar a si próprios, e assim por diante. O problema é que, como dito anteriormente, isso deixa de ser uma propaganda simples e direta).

Então por uma mera questão de marketing, se você quiser legalizar uma conduta você precisa retirar o seu estigma; para retirar o seu estigma, você precisa modificar a sua estética; e para modificar a sua estética, você precisa remover a associação da conduta a algo sombrio ou macabro, e passar a associá-la a algo benéfico e celebratório. Não é à toa que a Marcha da Maconha seja uma festa, por exemplo.

Mas aí quem quer manter essas ações proibidas incomoda-se, ofende-se, avilta-se; como assim estão celebrando uma conduta criminosa? Uma sociedade não se mantém em ordem apenas pela aplicação da lei, mas também pela internalização de seus valores por parte de seus membros; e o estigma da conduta criminosa é fundamental para que, para além do trabalho da polícia e dos tribunais, a conduta criminosa seja repelida como desonrosa. Por isso há tanta preocupação e tanta polêmica com a tal "apologia" (seja das drogas, do aborto, ou de discursos de ódio): ambos os lados, contra e a favor da legalização de determinada conduta, sabem da importância da percepção, da estética dessa conduta; não tem nenhum bobo aqui não.

A proibição da apologia tem assim um evidente valor instrumental, como se vê; mas reconhecer isso não quer dizer que ela seja correta. Faço a ponderação apenas para dar o benefício da dúvida, e mostrar como o tema não é tão simples quando possa parecer. Mas a despeito dessas considerações, enquanto não houver incitação direta à conduta criminosa, enquanto a apologia estiver no campo da

6

O desatino mais melífluo desse debate é sem dúvida o seguinte: "Eu sou a favor de você poder falar o que você quiser! Mas é claro que, depois, você poderá ser responsabilizado."

A frase não tem sentido porque ela não explica nada, e ela não entende (ou finge que não entende) a pergunta. Imagine que um dia eu visite um planeta distante e, buscando-me adaptar aos costumes locais, pergunte ao *concierge* alienígena assim: "Posso matar quem eu quiser?" E ele me responda: "Você pode matar quem você quiser, mas poderá ser responsabilizado depois."

Ora, quando eu perguntei se "posso" eu estava-me referindo precisamente à perspectiva da responsabilização posterior, evidentemente, porque é assim que as leis costumam funcionar: elas o punem *depois* que você comete o ato, elas o *responsabilizam depois* que você cometeu o ato; você está-se fazendo de idiota? Eu não estou perguntando se 'posso' no sentido de ter a destreza para poder executar o assassinato fisicamente, nem no sentido de poder consumar o assassinato sem que uma força premonitória tipo *Minority Report* apareça e me impeça de o fazer momentos antes do meu ataque fatal.

Se eu posso ser responsabilizado depois, então o que você está-me dizendo é que eu não posso matar quem eu quiser, ou que pelo menos eu precisaria saber mais sobre qual o tipo e a magnitude da tal responsabilização posterior, para aí sim vir a entender se posso ou não matar alguém; então ou a frase é contraditória, ou ela não diz absolutamente nada. É como perguntar: "Professora, posso consultar o livro durante a prova?" E se a professora responder algo como "poder, pode, mas você será responsabilizado depois", é evidente que qualquer pessoa minimamente funcional entenderá isso como uma tirada espirituosa querendo dizer, na realidade, que eu não posso consultar o livro. Eu já disse que a frase não quer dizer nada?

O fato de a punição ser posterior ao ato não dá lastro lógico para que se diga que "você pode matar quem quiser", porque uma das formas consagradas que as sociedades utilizam para proibir comportamentos indesejados é precisamente via punição posterior. Seres humanos (como muitos outros seres, aliás; não somos tão especiais) conseguem antever as consequências de sua conduta e, assim, respondem a incentivos sobre os resultados do comportamento. E como a sociedade não tem como ficar patrulhando todo mundo o tempo todo para impedir que alguém cometa um crime, o que ela faz é utilizar a ameaça de punição posterior como uma dissuasão, uma intimidação, para evitar que se cometa o crime; por meio da capacidade mental de previsão do ser humano, consequências posteriores infletem-se nos fatores anteriores: o sujeito toma conhecimento da punição posterior e, assim, internaliza essa limitação para autocensurar a sua conduta anterior. Está pensando em matar alguém? Melhor não, hein, olha aqui a pena.

O conceito de "proibição" não tem nada a ver, portanto, com anterioridade ou posterioridade da força dissuasória, com a existência ou não de patrulhamento prévio; ela tem a ver é com a presença da coerção e da punição: caso haja previsão de uso da força para punir a conduta, então há coerção (ou ameaça de coerção), e portanto pode-se dizer que a conduta é proibida, seja a proibição alcançada por coerção prévia, seja a proibição alcançada por promessa de punição posterior.

No caso específico da Liberdade de Expressão, o problema já foi notado por diversos autores, como Roscoe Pound, que disse que se a lei puder responsabilizar alguém por uma publicação, o resultado disso pode ser o impedimento indireto e o estabelecimento da censura.[1] Ainda no século XVIII, Albert Gallatin, um político e diplomata americano, disse que punir um determinado ato significa reduzir a liberdade de se praticar o ato[2] (ou seja, disse o óbvio que muitos hoje fingem não compreender).

O desatino sobre responsabilização ficaria um pouco melhor, assim, se disséssemos: "Você pode falar e não pode falar o que quiser, dependendo da responsabilização." Mas ainda assim ela não estaria perfeita: "responsabilização" é uma palavra muito genérica e não explica nada, pois o que queremos saber é precisamente qual o seu limite, contexto e magnitude; queremos saber o que dá e o que não dá ensejo a essa responsabilização. Se eu falar mal do rei vão-me cortar a cabeça, ou pagarei uma multa? O processo que poderei sofrer é criminal (envolve cadeia) ou é cível (envolve apenas reparação financeira)? A diferença é fundamental. E esse vácuo semântico fantasiado de frase apenas nos leva a trocar uma pergunta por outra: em que ocasiões uma lei justa deve prever a responsabilização, e com quais punições?

Não confundamos, no entanto, vazio semântico com inutilidade; quando o sujeito utiliza uma frase oleosa que parece enrolação de réu culpado, pode ser que o sujeito realmente se sinta como um réu culpado: já que estou sem a moral e a verdade, melhor partir para a engambelação retórica. Embora contraditória e sem sentido, a frase tem curso porque ela é útil; ela permite a seu locutor-presti-digitador, com toda a desfaçatez, afetar tolerância e sobriedade moral com uma mão ("eu sou a favor de você poder falar o que você quiser!") enquanto que, com a outra, encarrega-se de apoiar a retirada da nossa liberdade ("mas você poderá ser responsabilizado depois"). Geralmente trata-se de censor querendo passar por defensor da liberdade.

7

Se há coerção estatal ilegítima à expressão, há censura. O conceito de "censura" independe de a restrição à expressão ser feita via controle prévio ou via ameaça de punição posterior.

Imagine um país cujo governo nunca faça nenhuma censura prévia: você realmente "pode" publicar o que quiser. Mas imagine que esse mesmo governo puna, com a pena de morte, qualquer pessoa que lhe faça críticas. Nesse caso, pode-se dizer que "você pode falar o que quiser, mas pode ser responsabilizado depois"? Faria algum sentido?

Nessa situação extrema, não só não há Liberdade de Expressão, como *seria muito melhor que houvesse a censura prévia*. Melhor saber de antemão do que depender dos caprichos dos governantes: eu submeto o meu texto ao censor e ele me diz, previamente, se aquilo pode-me custar a cabeça ou não; daí, já de posse dessa dica capital, tenho condições de decidir se publico ou não a minha opinião. A censura prévia não seria mesmo melhor nessas circunstâncias? Isso me traria muito mais segurança jurídica – e física – do que simplesmente contar com a "ausência de censura prévia" e achar que isso me garante alguma liberdade. Então censura não é só censura prévia; e acreditar nisso acaba conferindo ao estado um enorme poder moral, porque ele pode perseguir quem ele quiser na etapa posterior da "responsabilização" enquanto alega, ao mesmo tempo, que há ampla Liberdade de Expressão e não se trata de censura já que... antes da cadeia e desta sessãozinha de tortura aqui, você realmente pôde publicar o que quis!

Isso não significa, obviamente, que deveríamos ser infensos ou indiferentes a manifestações contra a censura. A causa anticensura é relevante, não porque seja apenas contra a censura prévia, mas sim porque também busca promover um cenário de Liberdade de Expressão em que se limita a responsabilização posterior; a verdade é que quando dizemos "abaixo a censura!" estamos querendo dizer, na realidade, "abaixo a censura prévia e a responsabilização posterior!".

A confusão seria menos perniciosa se ela não tivesse uma longa história no direito, como se vê no direito britânico e norte-americano. Em seus *Commentaries on the Laws of England*, publicado no século XVIII, William Blackstone diz que "a liberdade de imprensa é realmente essencial à natureza de um estado livre: mas isso consiste em não estabelecer restrições *prévias* a publicações, e não em liberdade de repúdio por questões criminais quando publicado. Todo homem livre tem um indubitável direito de expor os sentimentos que desejar perante o público: proibir isso seria destruir a liberdade de imprensa: mas se ele publica o que é impróprio, pernicioso ou ilegal, ele precisa sofrer a consequência da sua própria temeridade".[3]

Ele diz que não se podem estabelecer restrições prévias, mas pode-se punir aquilo que for considerado "impróprio, pernicioso ou ilegal"; e assim vemos o mesmo problema que explicamos anteriormente: ao deixar margem para a responsabilização posterior, o princípio não explica os limites nem traz segurança ao uso da Liberdade de Expressão.[4]

Mesmo nos Estados Unidos, que hoje conta com ampla proteção à Liberdade de Expressão, essa visão de Blackstone prevaleceu por muitos anos. Muito embora ela tenha sido criticada à época (por exemplo, em proposta de resolução de James Madison[5]), essa visão foi endossada ainda em 1907 por Oliver Wendell Holmes Jr., juiz da Suprema Corte dos EUA, no caso *Patterson v. Colorado*. Somente em 1919, com o caso *Schenck v. United States*, foi que a visão mais ampla – de que a Liberdade de Expressão não significa proteção apenas contra censura prévia – começou-se a desenvolver nos julgados da Suprema Corte americana.[6]

8

Por fim, talvez o abracadabra mais repetido no debate sobre Liberdade de Expressão seja o chamado "paradoxo da tolerância". Em *The Open Society and Its Enemies* [*A Sociedade Aberta e os Seus Inimigos*], o filósofo Karl Popper descreve esse "paradoxo" da seguinte maneira: "Tolerância ilimitada leva ao desaparecimento da tolerância. Se nós estendemos a tolerância ilimitada até mesmo àqueles que são intolerantes, se nós não estivermos preparados para defender a sociedade tolerante contra o ataque do intolerante, então o tolerante será destruído, e a tolerância com ele."

Logo se vê que o filósofo não foi completamente claro em sua formulação; o que devemos entender exatamente por "intolerante"? É só o sujeito que comete violência, ou um sujeito que profere diatribes contra minorias também seria "intolerante"? Popper parece perceber a ambiguidade do texto e logo emenda: "Nessa formulação, eu não insinuo, por exemplo, que devamos suprimir sempre a expressão de filosofias intolerantes; contanto que possamos combatê-las por argumento racional e mantê-las sob escrutínio/verificação da opinião pública, a supressão seria certamente imprudente."

Aqui há pelo menos duas interpretações possíveis. De acordo com a primeira, Popper diz que todos os discursos, mesmo os extremistas e de ódio, devem ser permitidos "contanto que possamos" combatê-los; e *poder combater* um discurso significa (e aqui especulo eu) a inexistência de violência iminente. Ou seja: excluindo-se a ameaça de violência e a incitação à violência direta, excluindo-se a possibilidade de dano iminente, a ampla Liberdade de Expressão deve ser garantida, inclusive para discursos ofensivos e de ódio (que é a visão que defendo neste livro).

Mas é possível interpretar a passagem acima de outra maneira: só se *pode combater* uma ideologia vil se as pessoas estiverem abertas ao *argumento racional*, como ele diz; mas se a ideologia for extremista, então ela já se encontra no campo da intransigência, já será imune a qualquer argumento racional, e assim (e aqui especulam os fãs do "paradoxo") a supressão seria prudente. Essa não me parece a melhor interpretação da passagem, não me parece sequer consistente com o viés liberal de Popper, mas vejo-me forçado a aceitar que é uma interpretação possível dada a ambiguidade do texto de Popper.

A confusão deriva-se também do próprio nome "paradoxo da tolerância", que na minha humilde opinião não é nem um paradoxo, nem tem a ver com tolerância;

na minha interpretação da passagem, trata-se simplesmente de distinguir expressão e conduta violenta e, subsequentemente, tolerar a expressão e punir a violência: ou seja, pode-se falar, criticar e até ofender, mas não se pode agredir nem incitar à agressão; contra a violência há que sermos intolerantes mesmo. E na interpretação da passagem feita pelos seus fãs, o "paradoxo da tolerância" seria muito mais bem descrito como o "álibi dos presunçosos" ou o "pretexto dos intolerantes": olha só, não se pode tolerar a intolerância, precisamos sim silenciar os intolerantes! Mas vejam a coincidência: o intolerante nunca sou eu, nem nunca é alguém do meu grupo.

O lado bom é que Popper provavelmente julgou que essa ideia não era tão relevante, tanto que jogou-a numa nota de rodapé, lá no final do livro.[7] Creio que deveríamos fazer o mesmo que Popper: jogar o "paradoxo" lá para o final, para uma nota de rodapé do debate público sobre Liberdade de Expressão. Nesse trecho Popper pode não ter defendido categoricamente a ampla Liberdade de Expressão, mas tampouco defendeu o "paradoxo da tolerância" como esse abracadabra censório ao qual muitos ainda insistem em recorrer.

5. "Fogo!" e a Primeira Emenda americana

1

Mesmo os mais absolutistas dos defensores da Liberdade de Expressão admitem, no entanto, que há exceções. Para compreender o que é uma expressão protegida (permitida pela Liberdade de Expressão) e o que é uma expressão não-protegida (passível de proibição), é preciso primeiro entender a diferença entre *expressão* e *conduta*.

A princípio a distinção parece simples: *expressão* é aquilo que é comunicado por meio de diversas linguagens (como palavras ditas ou escritas, desenhos, filmes e artes em geral); e *conduta* é a ação corpórea, física, no mundo real. Com isso, poderíamos então dizer: a Liberdade de Expressão tem a ver, assim, com a proteção da *expressão*, não tendo nada a dizer sobre a liberdade de *conduta* e comportamentos em geral.

O problema é que há condutas cuja finalidade é essencialmente simbólica e expressiva: por exemplo, ajoelhar-se na hora do hino nacional, como alguns atletas famosos têm feito nos Estados Unidos, é uma conduta, um comportamento, mas sua função é a de expressar descontentamento com determinadas políticas públicas do país.[1] Nesse caso, trata-se de uma *conduta expressiva*, a qual deve ser, portanto, protegida pelo princípio da Liberdade de Expressão.

Um caso interessante é o de Yetta Stromberg, que foi condenada por hastear uma bandeira vermelha, contrariando assim lei da Califórnia que proibia, dentre outras coisas, o uso de símbolos anárquicos e ofensivos ao governo organizado. Ao recorrer à Suprema Corte dos Estados Unidos, sua condenação foi anulada, num dos primeiros casos em que a Corte reconheceu proteção à conduta expressiva (*Stromberg v. California*, 1931).

Outro exemplo é o caso de Gregory Johnson, ocorrido em 1984 em Dallas, Texas. Ao participar de um protesto contra o governo de Ronald Reagan, Johnson jogou querosene e ateou fogo a uma bandeira americana, desobedecendo lei do estado do Texas que proibia ultrajes à bandeira. Ele foi condenado na primeira instância, depois absolvido no tribunal de recursos do Texas e, quando o caso foi levado à Suprema Corte, esta confirmou a absolvição, entendendo tratar-se de conduta expressiva.[2]

Além de condutas com conteúdo eminentemente expressivo, existe também o contrário: há discursos que são tão acoplados a comportamentos violentos, tão conducentes a determinada ação de agressão, que eles devem ser entendidos como condutas e devem ser limitados pela lei. Exemplo disso é o caso em que alguém pede a um matador de aluguel que cometa um assassinato; nessa situação, o pedido é parte tão intrínseca da ação que o mandante deve ser responsabilizado; e deve ser responsabilizado não como alguém que apenas incentivou o homicídio, mas sim como alguém que assumiu verdadeiramente a coautoria do assassinato. Outro exemplo clássico de acoplamento expressão-conduta é a proibição de se falsamente gritar "fogo!" em um teatro lotado, pois isso geraria um pânico, causando corre--corre, pisoteamento e dano físico aos presentes; dano esse imediato, pois nessas circunstâncias não há tempo para que alguém possa rebater a asserção falsa com outros argumentos.

2

Essas situações extremas são relativamente simples: se o dano é iminente, se é emergencial, se não há tempo de combatermos o discurso com outro discurso antes que se irrompa a violência, nessa circunstância caberia a intervenção estatal para a limitação da expressão. O problema são os casos intermediários, em que o acoplamento não é tão forte; como lidar, digamos, com o discurso racista, que advogue a supremacia racial, mas sem incitar diretamente à violência?

5. "FOGO!" E A PRIMEIRA EMENDA AMERICANA

No debate sobre Liberdade de Expressão há basicamente duas teorias para a intervenção estatal nesses casos. A primeira é a teoria da *tendência negativa*, segundo a qual o discurso deve ser proibido se ele contiver algum elemento que eventualmente possa resultar em violência, ainda que no futuro. Muitos defensores da nova censura (baseada em "discurso de ódio", *"fake news"*, "ataque às instituições", "negacionismo") adotam essa teoria, ainda que implicitamente: como o discurso tem um "jeitão" de que pode resultar em algo ruim lá na frente, melhor é proibir logo, antes que qualquer mal ocorra.

A segunda teoria é a do *dano iminente*, segundo a qual a intervenção somente é justificada nos casos em que realmente não haja tempo de combater o discurso com outro discurso; nessa lógica, mesmo um discurso odioso e racista não deveria ser proibido, a não ser que ele promovesse incitação direta e imediata à violência.

3

Para entendermos os detalhes dessas duas teorias, talvez seja útil percorrermos a evolução da Liberdade de Expressão nos Estados Unidos. Nenhum país debateu e desenvolveu tão profundamente o conceito de Liberdade de Expressão – e nenhum país garante a fruição dessa liberdade num grau tão fundamental e absoluto – quanto os EUA, e assim há muito que se pode aprender com a sua história e os seus principais casos judiciais.[3]

A Constituição dos Estados Unidos, criada em 1787, sofreu dificuldades e demoras no processo de ratificação pelos estados, em especial porque muitos temiam os riscos de concentração de poder no governo federal. Para amainar essa preocupação, decidiu-se por um acordo: a Constituição seria ratificada e o primeiro Congresso eleito aprovaria uma Declaração de Direitos (Bill of Rights), a qual estabeleceria diversos limites à atuação do governo federal. A Constituição foi ratificada e, em 1791, o Congresso aprovou a Declaração de Direitos, composta por dez emendas à Constituição.

A Primeira Emenda, conhecida por sua defesa da liberdade religiosa e de expressão, diz o seguinte: "O congresso não deverá fazer lei nenhuma a respeito de um estabelecimento de religião, ou proibindo o seu livre exercício; ou restringindo a liberdade de expressão, ou da imprensa; ou o direito das pessoas de se reunirem pacificamente, e de peticionarem o governo para uma reparação de queixas."[4]

Quem vê a Primeira Emenda à Constituição americana pensa que a defesa da Liberdade de Expressão é traço primordial da história dos Estados Unidos, tendo-se estabelecido desde 1791. Mas foi somente após diversas disputas, ao longo dos séculos XIX e XX, que se consolidou a visão libertária que hoje caracteriza a Liberdade de Expressão nos Estados Unidos.

Logo em 1798, por exemplo, o Congresso americano aprovou a Lei de Sedição, que proibia, dentre outras coisas, a publicação de declarações falsas que difamassem o governo. Uma das justificativas para a lei era manter a segurança nacional durante os conflitos navais com a França (1798-1800), mas muitos entendem que o objetivo era o de simplesmente silenciar opositores políticos.[5] Defensores da lei diziam que ela não causaria grandes restrições ao bom debate público pois ela previa punição apenas às declarações falsas. Opondo-se a esse argumento, John Nicholas, um deputado da Virgínia, afirmou que esse esforço por distinguir verdade e mentira é incompatível com a liberdade. As opiniões de adversários serão sempre acusadas de serem falsas, e eles terão "medo de publicar a verdade pois, ainda que verdadeira, eles nem sempre terão o poder de estabelecer a verdade de maneira que as cortes considerem satisfatória".[6]

Segundo Anthony Lewis, a discussão e a indignação geradas pela previsão autoritária dessa lei fizeram os americanos entenderem a importância da Liberdade de Expressão; não à toa, o assunto tornou-se tema da campanha política, e contribuiu para que Thomas Jefferson derrotasse John Adams no pleito de 1800.[7] Quando a lei expirou e Jefferson assumiu a presidência em 1801, ele perdoou os que haviam sido condenados com base na Lei de Sedição.

Ainda segundo Lewis, uma lição da Lei de Sedição permanece: governos farão uso político do medo para justificar a repressão. Talvez tenhamos de estar sempre alertas às tentativas de instrumentalização da histeria, do pânico, do nosso desejo de segurança; sem a devida cautela, qualquer ameaça poderá parecer suficientemente emergencial para justificar a limitação das nossas liberdades.

4

O problema ressurgiu uns 100 anos depois: no início do século XX, havia uma grande agitação social no debate público, com uma série de posições políticas em disputa, como socialismo, anarquismo, feminismo, dentre outras. A entrada dos Estados Unidos na Primeira Guerra Mundial (1914-1918) tornou o debate ainda mais acirrado, com o governo Woodrow Wilson defendendo a participação na guerra, e muitos pacifistas e radicais posicionando-se contrariamente à decisão do governo. Diante da Revolução Russa de 1917 e o receio de subversão e ataques às instituições, o governo americano promoveu diversas medidas restritivas, como a Lei de Espionagem de 1917, a qual criminalizava condutas como o incentivo à insubordinação, a obstrução ao alistamento e a declaração falsa que interferisse com operações do governo.[8]

Um julgamento exemplar dessa época é o *Schenck v. United States* (1919). Charles Schenck era secretário geral do Partido Socialista, e assim supervisionou a impressão de 15 mil panfletos que criticavam o alistamento militar obrigatório e incitavam à resistência ao alistamento. Ele foi condenado e, na Suprema Corte, sua condenação foi confirmada de maneira unânime. À época, prevalecia a doutrina jurídica da *tendência negativa* ("*bad tendency*") do discurso, que autorizava o governo a limitar uma expressão que, pelo seu conteúdo, pudesse ser interpretada como natural e provavelmente conducente a consequências negativas no futuro.

Apesar de a condenação de Schenck ter sido mantida, o caso é considerado um marco na história da Liberdade de Expressão, por pelo menos dois motivos: primeiro, porque nesse caso a Suprema Corte abandonou a ideia de Blackstone de que a Primeira Emenda protegeria discursos apenas contra a censura prévia; e segundo, porque o juiz Oliver Wendell Holmes Jr. começou a se afastar da ideia da "tendência negativa" e a desenvolver a ideia de que a lei somente pode proibir e punir discursos caso eles representem um "perigo claro e presente" ("*clear and present danger*"). Foi nesse voto ainda que ele utilizou a conhecida metáfora do fogo, afirmando que a Liberdade de Expressão "não protegeria um homem que gritasse falsamente fogo e que causasse pânico".[9] Apesar do desenvolvimento dessa nova ideia, Holmes julgou que os panfletos de Schenck configurariam sim esse perigo; em meio a uma guerra, obstruir os esforços de alistamento seria análogo a gritar "fogo!" em um teatro lotado, na sua interpretação.

A metáfora do fogo no teatro ficou conhecida nesse caso, mas na realidade ela havia aparecido nos autos de outro caso que também estava nas mãos de Holmes

UM PEQUENO TRATADO SOBRE A LIBERDADE DE EXPRESSÃO

aguardando voto. Eugene Debs era o líder do Partido Socialista dos EUA, tendo sido seu candidato a presidente em diversas eleições. Muito embora as suas chances de vitória tenham sido sempre muito baixas (o seu melhor resultado ocorreu nas eleições de 1912, com 6% do total de votos), ele era uma figura pública bastante conhecida e seus discursos atraíam a atenção de aliados e adversários.

Em 1918, Debs fez um discurso em Canton, Ohio, em que criticava uma série de políticas dos EUA, como o alistamento obrigatório e a repressão que o governo fazia a marxistas e socialistas. Ele foi acusado e condenado na primeira instância e, durante o julgamento, Edwin S. Wertz (o procurador federal do caso, que trabalhava pela condenação de Debs) explicou os limites da Liberdade de Expressão dizendo que "um homem num auditório lotado, ou em qualquer teatro, que grite 'fogo' enquanto não há fogo, e disso decorre um pânico e alguém morre pisoteado, pode ser legitimamente indiciado e acusado de homicídio".[10] Também nesse caso, Holmes votou pela manutenção da condenação, entendendo que o discurso de Debs realmente poderia provocar obstrução ao recrutamento, e que o governo poderia legitimamente proibir esse tipo de discurso.[11] A Suprema Corte acompanhou o voto de Holmes em unanimidade.

5

Enquanto a Corte se mantinha unânime, diversos juristas e intelectuais questionavam a sua interpretação restritiva da Primeira Emenda. Alguns deles inclusive buscavam fazer contatos pessoais com juízes da Corte para os influenciar e mudar a sua opinião, como fizeram o juiz Learned Hand e o cientista político Harold Laski, que se correspondiam com Holmes sobre o assunto. Numa história de muitas idas e vindas, e que foge ao tema deste nosso livro aqui, Holmes acabou mudando de opinião alguns meses depois. (Para uma história de como se deu essa mudança de opinião, refiro o leitor ao excepcional livro de Thomas Healy.[12])

A mudança deu-se a partir do caso *Abrams v. United States* (1919). Em 1919, um grupo de imigrantes russos foi preso e condenado por produzir e distribuir panfletos que criticavam a decisão de Wilson de enviar tropas à Rússia.[13] Ao chegar à Suprema Corte, a decisão foi confirmada, mas com um voto divergente de Holmes que marcaria o início da transformação da Liberdade de Expressão nos Estados Unidos (a decisão foi 7 a 2, com Louis D. Brandeis acompanhando Holmes).

Em seu voto, Holmes disse que os panfletos não tinham real capacidade de provocar nenhum "perigo imediato"; e prosseguiu, em um dos votos mais famosos da história da Suprema Corte:

> "Perseguição à expressão de opiniões parece-me perfeitamente lógico. Se você não tem nenhuma dúvida de suas premissas ou poder e deseja um determinado resultado com todo o seu coração, você naturalmente expressa os seus desejos em lei e varre toda a oposição (...). Mas quando os homens percebem que o tempo perturbou muitas fés combativas, eles podem vir a acreditar, até mais do que acreditam nos próprios fundamentos da sua própria conduta, que o bem final desejado é mais bem alcançado por livre troca de ideias – que o melhor teste para a verdade é o poder de o pensamento conseguir ser aceito na competição do mercado, e que a verdade é a única base sobre a qual seus desejos podem ser realizados com segurança. Essa é de todo modo a teoria da nossa Constituição. É um experimento, como toda a vida é um experimento. Todos os anos, se não todos os dias, temos que apostar a nossa salvação em profecias baseadas em um conhecimento imperfeito. Enquanto esse experimento fizer parte do nosso sistema, eu creio que devemos estar eternamente vigilantes contra tentativas de conferir/censurar a expressão de opiniões que odiamos e acreditamos estarem repletas de morte, a não ser que elas ameacem tão iminentemente uma interferência imediata com os propósitos legais e urgentes da lei que uma análise/interferência imediata seja necessária para salvar o país."[14]

Com esse argumento de Holmes, a Suprema Corte começou a se afastar da teoria da *tendência negativa* e a se aproximar, gradativamente, da teoria do *dano iminente*.

UM PEQUENO TRATADO SOBRE A LIBERDADE DE EXPRESSÃO

6

A Revolução Russa de 1917 e o crescimento da militância socialista e anarquista provocaram receios em diversos países, numa onda de medo que ficou conhecida como "pavor vermelho" (*"red scare"*). Nos Estados Unidos, diversos estados adotaram legislação proibindo o chamado "sindicalismo criminoso", ou seja, proibindo a adesão a organizações que defendessem a violência para fins políticos. Muitas dessas leis proibiam a mera adesão mesmo, ou seja, previam que a pessoa poderia ser condenada ainda que ela não tivesse defendido explicitamente o exercício da violência; a mera adesão constituiria infração suficiente à condenação.

Um caso emblemático foi o de Charlotte Anita Whitney, condenada por fazer parte de um partido comunista; em recurso, a Suprema Corte confirmou a condenação (*Whitney v. California*, 1927). O interessante aqui é o voto de Brandeis; ele disse que "a corte ainda não definiu o padrão pelo qual se pode determinar quando um perigo deve ser considerado claro; quão remoto o perigo deve estar mas ainda assim ser considerado presente; e qual grau de vício deve ser considerado suficientemente substantivo para justificar o recurso à restrição da liberdade de expressão e de reunião como um meio de proteção". A verdade é que já havia algumas indicações (o perigo deve ser "iminente", como Holmes dissera), mas a evolução do direito nunca é linear, a aplicação da doutrina do "perigo claro e presente" não era consistente, e durante muito tempo a Suprema Corte oscilou entre posições mais libertárias[15] e mais restritivas,[16] sem se estabilizar em critérios definitivos.

Brandeis votou pela condenação de Whitney porque entendeu que, para além da sua associação ao partido, havia provas nos autos de que Whitney conspirara para cometer crimes. Mas essa decisão é importante porque Brandeis escreveu um voto monumental, em que explica a necessidade da iminência do dano à luz do apreço pela liberdade intrínseco à história e à ordem constitucional americana. (O voto dele é uma defesa tão eloquente da Liberdade de Expressão que, segundo Nadine Strossen, parece mais um voto divergente do que um voto concorrente).[17]

Perdoe-me o leitor pela citação longa aqui ao voto de Brandeis, mas é que realmente vale cada palavra; Brandeis diz que os líderes que conquistaram a independência dos Estados Unidos "não temiam a mudança política. Eles não exaltavam a ordem ao custo da liberdade". Esses líderes "acreditavam que o objetivo final do estado era tornar os homens livres para desenvolver as suas faculdades, e em seu governo as forças deliberativas devem prevalecer sobre as arbitrárias. Eles valorizavam a liberdade como um fim e como um meio. Eles acreditavam que a liberdade é o segredo da felicidade, e a coragem é o segredo da liberdade. Eles acreditavam que a liberdade de pensar como você quiser e de falar como você pensar são meios indispensáveis para a descoberta e a disseminação da verdade política; que sem liberdade de expressão e reunião, as discussões são inúteis; que com elas, as discussões permitem normalmente uma proteção adequada contra a disseminação de doutrina nociva (...). Eles sabiam que a ordem não pode ser assegurada apenas pelo medo de punição por sua infração; que é perigoso desencorajar o pensamento, a esperança e a imaginação; que o medo gera repressão; que a repressão gera ódio; que o ódio ameaça o governo estável; que o caminho da segurança reside na oportunidade de se discutir livremente supostas queixas e soluções propostas; e que o remédio adequado para os maus conselhos são os bons conselhos. (...) O medo de danos graves não pode, por si só, justificar a supressão da liberdade de expressão e de reunião. Os homens temiam as bruxas e queimavam as mulheres. É função da palavra libertar o homem das amarras dos medos irracionais. Para se justificar a supressão da liberdade de expressão, deve haver uma base razoável para se temer que um grave mal ocorrerá se a liberdade de expressão for praticada. Deve haver uma base razoável para se acreditar que o perigo apreendido é iminente. Deve haver uma base razoável para se acreditar que o mal a ser prevenido é um mal sério. (...) **Se houver tempo para expor, pela discussão, a falsidade e as falácias, para reverter o mal pelo processo de educação, o remédio a ser aplicado é mais discurso, não o silêncio forçado.** Somente uma emergência pode justificar a repressão. Essa deve ser a regra para que a autoridade seja compatível com a liberdade. Essa é, na minha opinião, o preceito da Constituição. Está assim sempre aberta aos americanos a possibilidade de contestar uma lei que restrinja a liberdade de expressão e reunião, mostrando que não havia emergência que a justificasse".[18]

7

Brandeis expôs com clareza o que viria a ser o padrão da Suprema Corte americana: para que o governo possa restringir a Liberdade de Expressão de um cidadão, é preciso que haja emergência (ou seja, a possibilidade de dano deve ser iminente); e que o dano seja grave (ou seja, que o mal causado seja sério o suficiente).

Aos poucos, a Suprema Corte foi-se distanciando do medo geral do "pavor vermelho", e assim começou a proteger a Liberdade de Expressão mesmo daqueles que defendiam ideologias autoritárias. Foi assim que em 1931, no mencionado *Stromberg v. California*, uma maioria de juízes da Suprema Corte começou de fato a aplicar a garantia constitucional da Liberdade de Expressão.[19] E em 1934, por exemplo, Dirk De Jonge foi preso e condenado por advogar ideias comunistas, mas a decisão foi revertida com unanimidade pela Suprema Corte (*De Jonge v. Oregon*,[20] 1937).

Um outro caso dessa época é o de Angelo Herndon, um homem negro membro do partido comunista que foi preso e condenado por "incitar uma insurreição". Na realidade, ele era apenas um membro do partido comunista, e buscava trazer outras pessoas para a organização, sem ter feito de fato qualquer incitação. Diante disso, a Suprema Corte reverteu a sua condenação.[21]

Um voto que chama à atenção é o do juiz Willis Van Devanter, que afirmou que a literatura que Herndon carregava era "amplamente direcionada a pessoas cujas circunstâncias passadas e presentes as levariam a dar crédito incomum às suas características inflamadas e incitadoras". Ele se referia, claro, aos negros do sul dos Estados Unidos, querendo dizer que eles não seriam preparados e maduros o suficiente para ouvir determinados tipos de ideias e, assim, poderiam ser levados a "dar crédito incomum" a elas. Esse argumento paternalista evidencia uma condescendência que se vê em muitos esforços de censura, inclusive nos atuais; é a condescendência que divide a sociedade em castas, e que afirma que alguns (a vanguarda escolarizada, "educada", "iluminista") podem ter contato com todo tipo de ideia, em especial para as analisar e as proibir, enquanto outros devem ser "protegidos" das ideias e de suas próprias consciências.[22] Discutiremos esse tipo de argumento mais à frente, e em especial no último capítulo deste livro.

8

A história posterior da Primeira Emenda teve outras idas e vindas, em especial por conta da segunda onda do "pavor vermelho", iniciada com a Guerra Fria.[23] Apesar de alguns casos restritivos da Liberdade de Expressão (*Dennis v. United States*, 1951; e *Barenblatt v. United States*, 1959), há dois casos que merecem menção. O primeiro é o *Yates v. United States* (1957), em que se estabeleceu a diferença entre ativismo (defesa abstrata de ideias) e incitação a ação ilegal. Enquanto o discurso ficar na defesa de ideias abstratas, por mais que essas ideias contenham elementos que presumam violência futura, ele não pode ser proibido. (Essa visão foi confirmada em *Noto v. United States*, 1961).

O segundo caso, e que consolidou a visão mais ampla da Liberdade de Expressão nos Estados Unidos, é o *Brandenburg v. Ohio* (1969), que merece uma análise mais detalhada. Clarence Brandenburg era um dos líderes da Ku Klux Klan no estado de Ohio e, em 1964, organizou um protesto com alguns poucos membros do grupo. Como costuma ocorrer com grupos extremistas, o que eles não conseguem com números de membros eles buscam alcançar com promoção midiática, e assim Brandenburg convidou a imprensa para filmar e (ajudar a) divulgar o seu movimento.

Em seu discurso, Brandenburg fez um pouco de tudo, do "discurso de ódio" ao "ataque às instituições": disse que negros deveriam ser devolvidos à África, os judeus devolvidos a Israel, e que se as instituições americanas (o presidente, o Congresso e a Suprema Corte) não corrigissem os seus rumos, era possível que houvesse uma vingança contra elas. Brandenburg foi preso e condenado com base na lei sobre "sindicalismo criminoso" de Ohio, o caso foi confirmado pelas Cortes superiores de Ohio, e depois chegou à Suprema Corte dos Estados Unidos.

Depois de condenado na primeira instância, Brandenburg recebeu apoio de dois advogados da ACLU, um judeu (Allen Brown) e uma mulher negra (Eleanor Norton, que na época era uma das advogadas nacionais da ACLU). Eleanor Norton era também uma ativista do movimento dos direitos civis, tendo participado de esforços para a dessegregação de estabelecimentos em Ohio.[24] Em uma entrevista ao programa *Landmark Cases*, do canal C-SPAN, Eleanor Norton disse que sofreu críticas por ter aceitado defender Brandenburg; e ela ressaltou "o fracasso em fazer a conexão entre a neutralidade do discurso e [o fato de que] em uma sociedade democrática é muito difícil, a não ser que o governo tome a decisão, dizer quem

UM PEQUENO TRATADO SOBRE A LIBERDADE DE EXPRESSÃO

pode e quem não pode falar. E você quer o governo tomando essa decisão? Ou você quer algo livre para todos na expressão? Bem, eu fico com o livre para todos. [E isso implica que] às vezes eu tenho de defender pessoas que não defenderiam a mim".[25]

Na sustentação oral na Suprema Corte, Allen Brown foi questionado pelos juízes acerca da incitação contida na frase de Brandenburg; ao dizer que negros e judeus seriam devolvidos a outras regiões, isso não seria um programa, um plano de ação, uma incitação? Thurgood Marshall, o primeiro juiz negro da Suprema Corte, perguntou "como é que ele vai persuadir as pessoas a voltarem [negros à África, judeus a Israel] sem uma violência"?

E aqui inicia-se um bate e volta da virtuosidade argumentativa, em que Allen Brown diz que o plano racista da KKK, embora indesejável, poderia ser alcançado por vias legais, por meio de decisões legislativas retirando a cidadania de negros e judeus; é evidente que isso seria algo torpe, desumano e vil, mas não seria uma violência (ao menos não uma violência ilegal) imediata em si. Ou seja: há ângulos possíveis que permitem entender a declaração de Brandenburg como não sendo nem uma incitação direta à violência iminente, nem uma emergência que exija a intervenção do estado na expressão.

Muitos podem estranhar esse debate entre Thurgood Marshall e Allen Brown, essa insistência nos detalhes, essa exegese talmúdica para separar fios de cabelo e demarcar com precisão o que é e o que não é emergencial e incitador, em especial no caso de um autodeclarado racista da KKK. Mas o que esse debate evidencia é o apreço da Corte pela cidadania e pela liberdade, o seu respeito à Liberdade de Expressão, o qual é um respeito tão fundamental que mesmo um autodeclarado racista merece todo o esgotamento argumentativo possível antes de ver os seus direitos civis retirados.[26] Em decisão unânime, a Suprema Corte reverteu a condenação de Brandenburg, entendendo que a mera defesa abstrata de uma ideia vil deve contar com a proteção da Primeira Emenda.

O caso não apenas realiza como aprimora a visão de Holmes e Brandeis, iniciada 50 anos antes com o seu voto divergente em *Abrams* (1919). A visão de que há ideias que são tão perigosas, mas tão perigosas, que precisam ser suprimidas e punidas, aquela visão da *tendência negativa*, foi simplesmente enterrada de maneira unânime pela Corte. Como explica Rothman-Zecher, não se pode proibir alguém de dizer "eu acredito que é preciso matar negros e judeus"; as autoridades somente podem proibir o discurso que enseje uma emergência, uma iminência de uma ação direta, como quando alguém diz "vamos matar este negro e este judeu,

78

agora".[27] (Ao exigir a iminência do dano, a teoria avançada em *Brandenburg* pode ser entendida como um aprimoramento, uma especificação da antiga teoria do "perigo claro e presente".)

É verdade que *Brandenburg* serviu como precedente para a realização de outras manifestações racistas e antissemitas, como a marcha em Skokie que mencionamos no primeiro capítulo; mas ele também foi utilizado para proteger a expressão de um ativista contrário à guerra no Vietnã,[28] bem como de ativistas negros que organizaram boicotes contra comerciantes brancos e foram acusados de ameaçar uso de violência contra os que descumprissem o boicote.[29]

9

Hoje no Brasil tem-se tornado comum o apoio à censura com base numa eventual tendência de dano futuro que determinada expressão possa representar; "discurso de ódio", disseminação de "*fake news*", "ataque às instituições", "gordofobia", "rebaixamento da mulher" ou outras minorias, enfim, praticamente qualquer coisa que puder ser relacionada com alguma tendência negativa, hoje encontra-se no *index* para proibição censória. Muitas vezes isso é expresso da seguinte maneira: essas ideias matam gente! E se "matam gente", devem ser proibidas.

O problema dessa posição é que a Liberdade de Expressão é uma liberdade fundamental, facilitadora inclusive de outras liberdades; e assim não se a pode limitar simplesmente porque lá na frente, em um hipotético futuro incerto, alguém poderá talvez utilizar uma ideia vil e, eventualmente motivada por ela, poderá cometer porventura um crime. Vamos proibir toda ideia que possa, eventualmente e sabe-se lá quando, motivar alguém a cometer algum crime?

Por isso que se deve enfatizar a iminência do dano: porque se o dano está próximo do discurso, aí podemos justificar a interferência estatal em uma liberdade tão fundamental quanto a de expressão. Mas se o dano não é iminente, aí a situação muda: primeiro, porque nós passamos a ter tempo de combater o discurso com mais discurso, tornando-se menos imprescindível a interferência estatal (a qual sempre traz riscos de tirania); e segundo, porque se há uma distância temporal entre o discurso e a realização da consequência, a relação direta (o nexo causal) entre causa e consequência fica difícil de estabelecer, e assim torna-se impossível articular uma limitação à Liberdade de Expressão que seja precisa o suficiente. Essa articulação precisa é fundamental porque, do contrário, a discussão sobre limites à Liberdade de Expressão acaba-se tornando ou um vale-tudo (quase qualquer ideia pode ser conectada com um mal futuro), ou uma disputa de poder para o mero silenciamento da opinião adversária.

Existe muita coisa que pode "matar gente" lá no futuro; e quando há essa distância, as restrições terão de ser necessariamente exageradas em seu escopo e vagas em sua descrição, podendo abarcar qualquer conexão possível entre discursos e danos, por mais indireta que essa conexão seja. E se há duas coisas que uma regulação da Liberdade de Expressão não pode ser, de maneira nenhuma, são exatamente essas: exageradas em seu escopo e vagas em sua descrição; pois assim confere-se poder excessivo aos agentes do estado, poder esse que certamente será abusado para perseguir críticos e adversários do governo.

Quem adere à ideia censória da "tendência negativa" terá de enfrentar, por exemplo, problemas como estes:

- Se o problema é matar gente, não deveríamos proibir a propaganda e a promoção do consumo de frituras, doces e refrigerantes? E quantos não morrem por insistência nessa arma, nessa ideia sanguinária e democida chamada automóvel? E natação, alpinismo, prédios altos, esportes...?
- Devemos proibir o discurso que promove o uso de drogas, inclusive o álcool, uma vez que matam? E proibir cenas de consumo em filmes, uma vez que podem incentivar outras pessoas a essas condutas nocivas?
- Devemos proibir o discurso comunista, uma vez que o comunismo gerou morte e assassinatos em quase todos (se não todos) os países em que já foi implementado?
- Devemos proibir o discurso a favor da legalização do aborto, já que (para a maior parte da população brasileira) trata-se de uma violência homicida contra o feto?
- Devemos proibir o discurso e as piadas contra as religiões, já que a blasfêmia pode gerar desrespeito e, no futuro, perseguições contra esses grupos religiosos?[30]

5. "FOGO!" E A PRIMEIRA EMENDA AMERICANA

- E videogame violento, não deveríamos proibir? Alguns defendem que eles podem levar adolescentes a cometerem crimes violentos.[31]
- E história em quadrinhos?[32]
- E letras de música? Músicas que possivelmente levem a suicídio devem ser proibidas?[33] E se alguém cometer um assassinato por influência de uma música, será que devemos pensar em censura nessa situação?[34] E no caso em que o próprio assassino disser que foi influenciado pela música?[35] (Ponto extra para o censor que descobrir qual tipo de música seria mais vinculado a crimes se seguirmos pelo desatino da "tendência negativa". Esse seria mais um exemplo do bem-intencionado que acaba prejudicando as minorias que tanto busca proteger.)[36]

Segundo Jonathan Rauch, a doutrina tradicional ensina "que você pune o criminoso, e não as ideias que talvez estivessem na sua cabeça ou a pessoa que talvez as tivesse colocado lá". Se alguém ler a história bíblica de Caim e Abel e assim decidir matar o seu irmão, nem por isso se cogitaria a proibição da Bíblia. E ele completa: "Banir livros ou palavras que cretinos acham emocionantes significa deixar que os mais baixos entre nós determinem o que podemos ler ou ouvir."[37]

No Brasil ainda estamos na fase da ideia gasosa da "tendência negativa", a ideia de que a expressão deve ser proibida se, por seu conteúdo, ela parecer conduzir a algo ruim lá na frente; o problema é que, como vimos, essa fórmula amplia os limites da libido censória a graus inimagináveis, conferindo discricionariedade demais ao governo. Não à toa a "tendência negativa" foi superada nos Estados Unidos, e espero que possamos fazer o mesmo no Brasil de hoje.

6. Incitação à violência, ameaça e outros limites aceitáveis

1

Para avaliar se uma expressão encontra-se fora dos limites da Liberdade de Expressão, é preciso entender o seu sentido; e a única maneira de entender o seu real sentido é interpretando-a em seu contexto.[1] Dizer "estou com fome" pode significar carência real de nutritivos se dito por alguém de uma região pobre, mas pode significar apenas um capricho do paladar numa região mais rica. Dizer "eu sei onde você mora" pode significar apenas a confirmação de que o convidado saberá chegar à sua festa, mas pode significar também a ameaça de algum bandido querendo amedrontar você e sua família. Dizer "me livra de Fulano" pode significar apenas que o chefe da empresa mandou demitir o funcionário, mas pode significar também que o chefe da quadrilha mandou matar o sujeito.

Não adianta o chefe da quadrilha apelar à literalidade e dizer "veja só, eu só falei para me livrar do cara, não mandei matar ninguém"; a desculpa da literalidade não funciona porque a linguagem não funciona assim, e todos sabemos que é possível comunicar uma ideia utilizando-se palavras em sentido conotativo em vez de denotativo. É claro que o chefe da quadrilha pode-se defender afirmando que, mesmo no contexto, a frase significaria outra coisa; que pelo histórico funcional da quadrilha, "livrar-se de alguém" significa, por exemplo, avisá-lo de que ele não mais atuará com a quadrilha. Essa defesa é admissível, claro; o que ele nem ninguém pode fazer, no entanto, é buscar-se esconder atrás das vírgulas da literalidade.

É por isso que, em última análise, não há como fugir de uma avaliação detida das circunstâncias em que uma expressão foi dita. Quando for-se decidir se determinado episódio encontra-se dentro ou fora da proteção da Liberdade de Expressão, será preciso entender as circunstâncias e o sentido da expressão no contexto particular do caso concreto.

2

Até o momento vimos que é aceitável limitar a Liberdade de Expressão se houver situação emergencial de violência, ou seja, dano físico iminente. No caso de discursos de ódio e outros preconceitos, por exemplo, vimos que enquanto eles consistirem em ideias gerais e abstratas, sem uma incitação clara e direta à violência iminente, não se deve proibir; é preciso ter sempre em mente a diferença entre ativismo/militância e incitação. Como o juiz Decker afirmou no caso *Collin v. Smith* (1978), "a Primeira Emenda abarca a liberdade de se defender até mesmo que o governo deva ser derrubado violentamente".[2] Então se alguém advogar, por exemplo, a revolução comunista por vias violentas, tudo dependerá da avaliação do critério de emergência: enquanto essa defesa da revolução se mantiver no campo de um ativismo genérico, ela não pode ser proibida pois carece da emergência provocada pela iminência do dano físico. Contrariamente, gritar falsamente "fogo!" ou promover incitação direta à violência ("vamos matar esse sujeito!") contêm o elemento da iminência e, assim, podem ser devidamente proibidos pelo governo.

O mesmo vale para o que hoje em dia tem-se chamado de "atos antidemocráticos" ou "ataque às instituições". Pode-se pensar que defender coisas como extinção de um dos poderes da república, ou mesmo a volta da ditadura militar, sejam ideias péssimas, piores que o problema que visam a resolver. Mas enquanto elas se mantiverem no campo do ativismo, fora da incitação direta à violência, elas devem ser tratadas como exercício natural da Liberdade de Expressão.

(Como afirmei no início do livro: não estou discutindo aqui a lei brasileira, a qual prevê o crime de racismo e outros preconceitos, mas sim o que me parece seria uma abordagem mais justa e livre da Liberdade de Expressão).

3

Alguns abusos verbais cara a cara também entrariam no critério de emergência, pois são tão hostis, e tão ofensivos, que acabam provocando uma resposta violenta, uma conflagração. Imagine uma discussão em que uma pessoa comece a colocar o dedo na cara da outra, e a proferir xingamentos pessoais e profundamente ofensivos; podemos até desejar que as emoções humanas fossem outras, mas é evidente que, dada a volubilidade da nossa espécie, esse tipo de confrontação costuma levar as pessoas às vias de fato.

Nos Estados Unidos esse tipo de expressão é conhecido como *"fighting words"* (algo como "palavras de briga"),[3] e muito embora a Suprema Corte já tenha reconhecido a possibilidade dessa limitação à expressão, sua aplicação é bastante restrita.[4] Como diz Aryeh Neier, a aplicação da doutrina do *"fighting word"* limita-se a permitir a punição "de uma pessoa que, no encontro frente a frente, cara a cara, diz alguma coisa tão pessoalmente ofensiva que provoca uma resposta violenta imediata e não planejada".[5] Note-se que a proibição dos *"fighting words"* não existe para proteger ninguém de ofensa, mas sim para evitar a eclosão de violência.

Por exemplo, imagine-se que, numa discussão quente sobre um assunto qualquer, o sujeito profira uma ofensa pessoal cara a cara e que envolva a família do outro; é de se esperar que, nesse caso, a ofensa provoque uma resposta violenta. Mas note-se: isso não significa que o sujeito que ouviu a ofensa seja uma "vítima", nem que a sua resposta violenta à "palavra de briga" seja justificada (mas como isso não se trata mais de discurso e encontra-se assim fora do tema da Liberdade de Expressão, nem me dedico a analisar isso aqui). A doutrina do *"fighting word"* não serve para proteger a "honra" de ninguém, nem para proteger os nossos ouvidos de ofensas; ela serve simplesmente para evitar a eclosão de violência que costuma ser causada por essa altercação frente a frente.

Mas a aplicação dessa doutrina deve ser bastante limitada, evidentemente. Por exemplo, no caso da marcha nazista em Skokie que mencionamos no primeiro capítulo, uma das ações judiciais contrárias à marcha adotou a tese de que a suástica seria uma "palavra de briga": seria algo tão ofensivo, mas tão ofensivo, que seria o equivalente a proferir xingamentos frente a frente e assim conflagrar um conflito corporal. A Suprema Corte de Illinois entendeu que a exibição da suástica não se enquadraria como "palavra de briga", inclusive porque a marcha já era de conhecimento público, e aqueles que se sentissem ofendidos poderiam decidir por não ir e

UM PEQUENO TRATADO SOBRE A LIBERDADE DE EXPRESSÃO

assim não avistar a suástica; "um orador que dá aviso prévio da sua mensagem não está forçando uma confrontação com aqueles que o escutam voluntariamente".[6]

A decisão afirma ainda que não se pode atribuir ao orador a responsabilidade por uma reação hostil de um público que não aceita a Liberdade de Expressão desse orador; se fosse assim, qualquer um poderia impedir qualquer discurso, bastando para isso alegar que a sua comunidade ficaria tão consternada, mas tão consternada com aquelas palavras, que ela mesma encetaria o distúrbio à ordem. Uma comunidade racista poderia alegar o mesmo para impedir o discurso antirracista de um ativista por direitos civis de minorias; uma comunidade homofóbica poderia dizer o mesmo para impedir uma marcha LGBT; e assim por diante. Aliás, é difícil imaginar que qualquer evolução dos direitos das minorias poderia ser alcançada, porque a maioria sempre poderia alegar que se sentiu tão ofendida, mas tão ofendida, que não lhe restou opção que não a retaliação violenta. Como é evidente, não se pode querer silenciar alguém alegando-se a própria torpeza, o próprio ânimo hostil à Liberdade de Expressão alheia.[7]

De todo modo, entende-se que esse tipo de ofensa cara a cara, que pelas circunstâncias provoca a conflagração, não deveria ser protegido pela Liberdade de Expressão. Note-se que isso é bem diferente do crime de "injúria" no Brasil, que visa a proteger a "honra" da pessoa contra ofensas, abarcando inclusive o mero xingamento.[8] Então mesmo que um político esteja passando bem longe de mim, e com inúmeros seguranças entre mim e ele, se eu gritar algum xingamento em sua direção eu terei cometido o crime de injúria. Isso me parece abusivo, por dois motivos: primeiro que a mera ofensa não deveria ser motivo para se restringir a Liberdade de Expressão; segundo que, mesmo que fosse para proibir a conduta, o tratamento correto nesse caso deveria ser o de responsabilização cível, e não criminal (ou seja, a correção de eventual injustiça deveria dar-se pela reparação do dano, por exemplo via compensação financeira, e não pela via da punição criminal, o que envolve polícia e todo o aparato da persecução penal).

4

Há ameaças que são ditas no calor do momento e não são de fato ameaças sérias, como alguém gritando "vou te encher de pancada" numa discussão de trânsito, por exemplo. Ou ainda aquelas ditas em tom hiperbólico, muitas vezes em meio a protestos e discursos políticos, como quando alguém diz que irá matar o presidente.[9] Mas há ameaças de violência que são sérias, que amedrontam, que visam a intimidar e a cercear a liberdade da vítima; esse tipo de ameaça é inaceitável, evidentemente: ninguém tem o direito de reduzir a nossa liberdade, de retirar-nos os direitos civis, por meio de uma promessa de agressão futura.

Um caso interessante é o *Virginia v. Black* (2003), em que a Suprema Corte americana analisou dois episódios envolvendo uma cruz posta em chamas. No primeiro caso, um membro da Ku Klux Klan ateou fogo em uma cruz em um evento fechado para os membros da organização.[10] A Suprema Corte entendeu que, nesse caso, por não haver nenhuma tentativa de intimidação, a queima da cruz é protegida pela Liberdade de Expressão, por mais racista que esse símbolo seja. O segundo caso referiu-se a um desentendimento entre vizinhos, o que levou um deles a colocar uma cruz em chamas no jardim do outro, que era negro. Nesse caso, a Corte deixou claro que não se pode assumir de antemão que a queima da cruz signifique necessariamente uma ameaça (porque, por exemplo, um racista poderia atear fogo a uma cruz por raiva, e não necessariamente com a intenção de intimidar). É preciso, assim, avaliar as circunstâncias concretas para saber se há ou não essa intenção; e caso ela exista, a proibição do discurso (e a sua punição) seria cabível.[11]

É bastante difícil determinar a diferença entre uma ameaça vazia, meramente hiperbólica e dita no calor do momento, e uma ameaça real; somente verificando-se o caso concreto mesmo, e ainda assim com muita dificuldade. Em todo caso, entende-se que ameaças reais não estariam protegidas pela Liberdade de Expressão.

5

Outro critério fundamental que deve ser observado quando se discutem limitações à Liberdade de Expressão é o da *neutralidade*, que se refere ao grau em que uma determinada limitação tem a ver com o conteúdo da mensagem. Em geral, entende-se que limitações da Liberdade de Expressão que não se refiram ao conteúdo da mensagem são menos problemáticas pois não colocam o estado no papel de verificador da nossa opinião. A neutralidade divide-se em dois tipos: *neutralidade temática* e *neutralidade de ponto de vista*.

Um exemplo de lei com neutralidade temática é a que determine que depois das dez da noite nenhuma manifestação pode ser feita em alguns bairros. Essa regra limita a Liberdade de Expressão? Sim, evidentemente. Mas ela o faz com objetivos meramente logísticos, para preservar o silêncio noturno, sem que o estado determine que tipos de ideias podem ou não podem circular. Outro exemplo de regra logística são as providências que os governos tomam para evitar que dois grupos rivais se manifestem na mesma hora e no mesmo local. Por não interferir na temática, no conteúdo, a regra apresenta-se como menos despótica e menos restritiva da liberdade em geral.

Há regras que não respeitam a neutralidade temática, ou seja, que proíbem determinado tema: por exemplo, uma regra que proíba o debate de temas políticos dentro de uma universidade pública. Nesse caso, tem-se uma limitação severa da Liberdade de Expressão, pois a regra está proibindo um tema específico (no caso, o tema político); mas ainda assim a limitação não é tão absolutamente insidiosa pois ela restringe igualmente todos os pontos de vista, quer dizer, qualquer tipo de manifestação política, independentemente de que lado esteja (se de esquerda, direita, centro, marxista, liberal ou qualquer outra perspectiva). Essa regra fere a neutralidade temática, mas ao menos respeita a neutralidade de ponto de vista.

A pior regra é mesmo aquela que assume um ponto de vista, que proíbe uma determinada perspectiva do debate enquanto deixa livre a manifestação para quem tiver a opinião correta e aceitável. Trata-se de uma intromissão do estado nas consciências, na expressão individual, no conteúdo da ideia, na autonomia humana de uma maneira que instituição nenhuma deveria ter o poder de fazer. É exatamente isso o que se vê na tentativa de combater "*fake news*", "discursos de ódio", "ataques" às instituições, discursos "negacionistas" e uma série de novos pretextos para a nova libido censória; o que se busca fazer, nesses

6. INCITAÇÃO À VIOLÊNCIA, AMEAÇA E OUTROS LIMITES ACEITÁVEIS

casos, é autorizar a intromissão do estado no conteúdo do discurso, para que ele possa adjudicar o que pode e o que não pode ser dito. Por ferir a neutralidade de ponto de vista, devemos elevar a grau máximo a nossa desconfiança e a nossa preocupação com os riscos de tirania trazidos por esses esforços regulatórios.

6

Outra limitação refere-se à violação da intimidade e da privacidade, a qual varia bastante dependendo de dois fatores: do quão pública é uma pessoa; e da pertinência pública do tema tratado. Entende-se que um cidadão privado, que não exerce função pública nem nunca se lançou ao público (como um artista se lança, por exemplo) terá maior proteção à privacidade que um deputado ou outro agente público. E entende-se que um deputado terá maior proteção à intimidade quanto à sua vida sexual que, por exemplo, quanto às suas conversas sobre temas do seu trabalho.

Um caso interessante é o de Hulk Hogan, astro da luta livre profissional. Em 2006, ele foi filmado fazendo sexo com uma mulher e, em 2012, o site *Gawker* publicou trechos da fita. (Vale ver um documentário de 2017 sobre o caso, intitulado *Nobody Speak: Trials of the Free Press.*) Trata-se de uma pessoa pública, evidentemente, mas ao mesmo tempo há um espaço de privacidade e intimidade que deve ser concedido a todos. Ao final, Hogan venceu a ação, e o site foi condenado a pagar 31 milhões de dólares em indenizações.[12] (Por essa mesma linha, entendo que casos como o de "*revenge porn*" e outras violações da intimidade não estariam protegidas pela Liberdade de Expressão.)

O caso seria bem diferente se, em vez da publicação de um vídeo de sexo, o site tivesse publicado algo de maior pertinência pública (por exemplo, uma fita revelando um caso de suborno e corrupção de agentes públicos).[13]

7

Uma das limitações mais antigas à Liberdade de Expressão refere-se à proibição de se difamar alguém, ou seja, de se publicarem informações desonrosas sobre a conduta de uma pessoa com a intenção de manchar a sua reputação.[14] Parece-me óbvio que espalhar fatos negativos sobre a conduta de alguém tem potencial de dano à sua reputação e, evidentemente, às suas finanças e à sua vida em geral; e se invento um suposto fato e espalho que determinado contador já perdeu diversos prazos de pagamento e não mantém suas contas em dia, por exemplo, é evidente que estou manchando a sua reputação, o que lhe pode causar a perda de negócios atuais e futuros.

A ideia de se proibir a difamação busca-nos proteger da imputação de *fatos* (ou seja, de descrições sobre coisas que ocorreram, ou supostamente ocorreram, na realidade), mas não de *opiniões*, ainda que elas sejam injustificadas; por exemplo, posso chamar o meu contador de inepto, incompetente, inútil etc., o que estaria protegido pela Liberdade de Expressão por serem opiniões (ainda que se possa argumentar que são opiniões não lastreadas na realidade); a proibição da difamação visa a proteger a reputação, e não os sentimentos. O que eu não poderia fazer é divulgar um fato desonroso específico sobre a sua conduta; eu posso chamá-lo de incompetente, mas não posso dizer que no dia X ele deixou de efetuar o pagamento Y e assim causou-me o prejuízo Z. Isso seria ainda mais grave se eu soubesse que ele não fizera isso, mas mesmo assim divulgasse falsamente essa informação.

Um debate interessante sobre a difamação refere-se ao caso em que a descrição factual imputada é desonrosa porém verdadeira. Imagine-se, por exemplo, que o contador mencionado seja realmente um mau pagador de contas, devendo muitos meses de seu aluguel; devemos proibir que esse tipo de informação seja disseminado, mesmo que verdadeiro?

Como ocorre em muitas áreas do direito, o equilíbrio entre os valores pertinentes aqui é bastante delicado. Eu gosto de uma observação de Guilherme Nucci, que ao falar da difamação diz que "o que o direito quer é que as pessoas não se metam na vida das outras para prejudicá-las perante terceiros".[15] E numa era em que esse tipo de intromissão encontra-se exacerbada – com cancelamentos, boicotes e outras tentativas de coação e justiçamento, conforme falaremos mais à frente –, a ideia da proibição da difamação mesmo quanto a fatos comprovados parece-me atraente (lembrando novamente que isso se aplicaria apenas à asserção de fatos, e não de opiniões, as quais continuariam completamente livres).

6. INCITAÇÃO À VIOLÊNCIA, AMEAÇA E OUTROS LIMITES ACEITÁVEIS

O problema é que se toda difamação for proibida, teremos um gigantesco efeito silenciador nas nossas comunicações. Imagine que um jornalista vá publicar uma matéria sobre desvios de dinheiro cometidos por políticos corruptos; se esses políticos puderem processar o jornal por difamação, evidentemente que seria anulada por completo a função da imprensa de agente de transparência e fiscalização da sociedade; a própria imprensa, assim como todo mundo, passaria a se autocensurar com receio de processos por difamação. Então ao menos no caso de uma pessoa pública, e em relação a um assunto de interesse público, deveríamos tolerar maior risco de dano à reputação (a menos que se comprove, por exemplo, falsidade dolosa, má-fé mesmo, do próprio jornal).[16] Outro argumento que reforça essa visão é o fato de que uma pessoa pública provavelmente teria acesso a meios de comunicação, ou pelo menos a um público amplo nas redes sociais, para apresentar a sua contraversão dos fatos. Então aqui teríamos uma ideia semelhante ao que discutimos acima no caso da violação da intimidade: no caso de pessoas públicas e em assuntos de pertinência pública, haveria maior proteção à Liberdade de Expressão, sendo o processo por difamação cabível apenas nos casos de má-fé comprovada.

Essa visão mais protetora da Liberdade de Expressão, válida em se tratando de pessoas públicas em temas de pertinência pública, deve valer inclusive para o caso em que a informação publicada for falsa (novamente, a menos que se comprove má-fé ou negligência grave do comunicador). Pois imaginemos que alguém publique notícia afirmando que determinado policial matou indevidamente cinco pessoas, mas ao final se descubra que foram quatro; a notícia não é 100% verdadeira, mas é natural que no processo de apuração e reportagem esse tipo de erro ou imprecisão ocorra. A situação seria diferente se um relevante grupo midiático, com um amplo alcance de público, noticiasse um fato privado desonroso acerca da conduta de um cidadão que não é conhecido, que não se lançou à vida pública. O cidadão privado, em assuntos sem pertinência pública, contaria com a proteção máxima contra difamação.

Vemos assim que a difamação não é algo tão simples, e que a necessidade de sua proibição varia conforme a veracidade da descrição de fato (se verdadeira ou falsa), a esfera alcançada pela vida da pessoa (se pública ou privada) e a natureza do fato disseminado (se fato público ou se íntimo, por exemplo); e isso sempre tendo-se em mente que ela alcança apenas as asserções de fato, com a especificidade narrativa característica dos fatos, e não as opiniões (as quais contam com a proteção mais ampla da Liberdade de Expressão).

Quanto mais pública a pessoa e o tema tratado, menor deve ser a possibilidade de processos por difamação; aqui a disseminação de fatos verdadeiros jamais seria enquadrada como difamação, e a de fatos falsos somente seria enquadrada como difamação no caso de má-fé ou negligência comprovada (com o ônus da prova recaindo sobre aquele supostamente difamado, para que se possa proteger a Liberdade de Expressão do suposto difamador). Por outro lado, no outro extremo, quanto mais privada a pessoa e mais privativo o tema, maior deve ser a proteção jurídica da sua reputação; mesmo a disseminação de fatos verdadeiros pode-se enquadrar como difamação, e o ônus da prova para demonstrar sua veracidade recairia sobre o suposto difamador. Entre esses dois extremos, evidentemente, haveria uma série de casos intermediários (pessoa pública com fato íntimo, por exemplo), cujo detalhamento foge ao escopo de análise mais geral que estamos fazendo aqui.

8

Já que estamos no tema da difamação, vale mencionar um certo arcaísmo no Brasil quanto ao trato da chamada "honra". No direito brasileiro há três crimes que são categorizados como crime contra a honra, ou seja, crimes contra a nossa autoestima (a honra subjetiva) e contra a nossa reputação (a honra objetiva): são os crimes de injúria (o xingamento), difamação (a imputação de ação desonrosa) e calúnia (a imputação de um crime).

Por seu baixo potencial ofensivo e pelos riscos que a criminalização dessas condutas traz à Liberdade de Expressão, essas condutas não deveriam ser tratadas como crimes; elas deveriam ser tratadas como mero ilícito civil, ou seja, como uma desavença jurídica entre partes privadas, como se eu batesse no seu carro e você me processasse para reaver os danos sofridos. A descriminalização dessas condutas não é suficiente, no entanto; seria preciso garantir, ainda, que as indenizações financeiras não fossem exorbitantes, obviamente, e que as ocasiões que deem ensejo a indenização sejam também bastante limitadas. A descriminalização dessas condutas está em linha com o que propõem organismos internacionais (como a ONU)[17] e organizações não-governamentais (como a Artigo 19).[18] Ou seja:

ainda que alguém pense que injúria, difamação e calúnia devam ser proibidas, a proibição não deveria ser feita com base no processo penal, mas sim como mero ilícito cível entre partes privadas.

9

Um dos grandes benefícios do sistema democrático é a substituição da violência pela persuasão; em vez de disputarmos o controle do estado por meio da força, nós o fazemos por meio da retórica, da luta pelo imaginário, da disputa simbólica, da competição de narrativas.[19] No caso da implementação de políticas públicas específicas, nós não nos limitamos a advogar por uma determinada solução; não nos limitamos a discutir se a empresa pública A deve ser privatizada, ou se a conduta B deve ser descriminalizada. Como o diagnóstico de um problema influencia a decisão sobre como solucionar esse problema, a disputa retórica acerca de soluções começa bem antes, ainda no momento da definição e da interpretação do próprio problema.

Se eu diagnostico o uso de drogas como um desvio social que catalisa uma série de outros desvios (como o tráfico de armas), tenderei a favorecer soluções de criminalização da conduta; mas se eu enquadro o problema de uma outra forma, e interpreto o uso de drogas como uma mera questão de opção individual, tenderei a favorecer a descriminalização e a implementação de políticas públicas de saúde para o apoio a casos extremos de vício. Da mesma maneira, se eu entendo que a criminalidade geral é um problema causado por decisão individual do agressor, isso me leva a estratégias de punição individualizada (como cadeia); mas se eu entendo que a criminalidade é um problema causado por uma série de fatores sociais (como pobreza), isso tende a retirar a legitimidade da punição individualizada e a favorecer soluções de políticas sociais. Como se vê, a disputa retórica pelo diagnóstico é fundamental; quem quiser emplacar determinada solução de política pública precisará, antes de mais nada, dedicar seu esforço retórico à definição do próprio problema.[20]

… UM PEQUENO TRATADO SOBRE A LIBERDADE DE EXPRESSÃO

10

Na área da Liberdade de Expressão ocorre o mesmo tipo de disputa pela definição do problema. E como todo censor sabe que carece de legitimidade para proibir a expressão alheia[21] (ele sabe que isso é feio e indefensável), ele não pode simplesmente dizer que deseja proibir a opinião divergente, pois isso seria demasiadamente autoritário. Ele não pode nem dizer que deseja proibir a ofensa, porque há coisas demais que são ofensivas, e assim qualquer pessoa poderá alegar mágoa para calar o discurso do adversário.

Cristãos não se sentiriam ofendidos com piadas com Cristo? Feministas não estariam ofendidas com letras de funk que sexualizam e objetificam a mulher? Religiosos não se ofenderiam com ateus radicais, ou com quem despreza a religião como mero "ópio do povo"? Pessoas que perderam parentes para o vício não se ofenderiam com campanhas pela legalização das drogas? Gordos não se ofenderiam com recomendações médicas de perda de peso? Um nacionalista não poderia se ofender por xingamentos à pátria? E charges, não são ofensivas – praticamente todas elas? Deveríamos proibir então a profissão de chargista?

Uma sociedade que realmente trabalhe para eliminar a ofensa terá de eliminar quase toda a sua produção intelectual e cultural, pois sempre há alguém que se ofende com o que a gente diz (e isso quando não se ofende com a nossa mera existência). A lista é portanto infinita, e assim esse caminho da alegação da "ofensa" não é muito benéfico ao censor, pois o levaria a ter de aceitar a censura a coisas que, evidentemente, ele mesmo não gostaria de censurar; talvez ele próprio termine por ser silenciado, pois bastaria que alguém alegasse estar ofendido por suas opiniões.[22]

É preciso então mudar a narrativa, enquadrar o problema de outra forma, e assim justificar seus atos censórios em nome do combate a algo mais forte e temeroso; é preciso aumentar o volume, recorrer à hipérbole, adotar o histrionismo: discurso de ódio é violência! Palavras ferem! Não se trata apenas de mentira, isso é *fake news*! Essas críticas são ataques à democracia! Terrorismo verbal! Assassinato frasal! Homicídio léxico! Genocídio semântico! (O objetivo é ligar a hipérbole no máximo: você irá me ouvir de uma forma ou de outra. Lembrando: a hipérbole é o grito pela semântica.) E poderíamos continuar, mas acho que o leitor entendeu o ponto: ao equalizar discurso com violência por meio desses abracadabras, ao diagnosticar o problema como "violência", o censor busca legitimar o mesmo tratamento que damos à violência – ou seja, a proibição. Como afirma Jonathan

6. INCITAÇÃO À VIOLÊNCIA, AMEAÇA E OUTROS LIMITES ACEITÁVEIS

Rauch, "a tentativa de igualar crítica a violência nada mais é do que uma tentativa de deslegitimar e amordaçar pessoas de quem você discorda".[23] E daí temos essa estratégia corrente no debate público atual, que é o de tornar confusa e nebulosa a fronteira entre discurso e ação, entre crítica e violência.

Outro cuidado que é preciso ter é com a retirada do status de "opinião" daquelas opiniões que contêm ideias indesejáveis. Eu evidentemente concordo que determinadas opiniões (como a racista, a antissemita, a homofóbica etc.) são vis, imorais, repugnantes. Mas uma opinião vil, imoral e repugnante não deixa de ser opinião simplesmente porque é vil, imoral e repugnante; e se essa opinião é criminalizada, trata-se da criação de crime de opinião, de uma medida autoritária, obviamente.[24] Nesse ponto discordo de André Marsiglia, para quem "racismo, homofobia, são sinônimos de intolerância, e intolerância não é opinião"; e mais à frente: "Uma fala racista ou homofóbica não é nunca opinativa; e o crime nunca será pela opinião, mas pelo racismo, pela homofobia."[25] Isso me parece apenas um jogo de palavras, ou uma mistura desnecessária entre ontologia e status moral: por exemplo, nós podemos acabar tirando a vida de um criminoso numa ação em legítima defesa contra ele, mas a vida do criminoso não deixa de ser uma vida; ela apenas perde o status moral (e jurídico) da proteção geral conferida à vida[26] naquela circunstância específica.

Da mesma maneira, a opinião racista e homofóbica não deixa de ser uma opinião, mas apenas perde o seu status moral de opinião virtuosa no debate público (e no caso do direito brasileiro e de outros países, ela perde também o status jurídico de opinião legalmente permitida). Mas veja só: aqui nem precisamos entrar no mérito sobre se a opinião racista deve ser proibida ou não; aqui estou apenas dizendo que, a despeito do nosso senso de justiça, uma opinião vil também é uma opinião, e têm razão aqueles que argumentam que a criminalização dessa opinião é um crime de opinião, ou pelo menos um tipo de crime de opinião. Quem quer proibir a opinião racista não pode simplesmente alegar, em abracadabra, que isso não se trata de "opinião".

Mas a principal arma da narrativa é realmente a equiparação entre "discurso de ódio" e violência, a tal ideia de que "palavras ferem", de que determinados discursos não apenas contribuem para uma violência futura, mas são eles próprios violentos; e se são violentos, devem ser proibidos de imediato. No sentido emocional e psicológico, é evidente que determinadas expressões ferem; eu tenho certeza de que o leitor, como eu e qualquer outro ser humano, já escutou coisas que machucaram mais do que um soco na cara machucaria. Coisas ditas podem ferir, provocar mágoa, e nos tomar mais tempo de convalescença do que muitas outras agressões físicas jamais poderiam fazer.[27] Mas aqui recaímos no mesmo problema da ofensa mencionado acima; não são infinitas as possibilidades de ofensa, de dor psicológica? Como limitar o tipo de dor psicológica que se pode ou não se pode sentir, e assim determinar aquelas dores contra as quais a lei deve nos proteger? Como dissemos, há gente que se ofende com qualquer coisa, inclusive com a nossa mera existência.

E se formos restringir a Liberdade de Expressão com base na ofensa ou na dor psicológica, é evidente que uma série de grupos passará a instrumentalizar a ofensa e a dor como ferramenta para silenciar adversários; estou ofendido, poderia calar a boca?

Outro ponto é que a violência é algo direto: não há nada que eu possa fazer entre o soco na minha cara e a dor que eu sinto. O mesmo não se pode dizer a respeito da dor psicológica da ofensa; ela pode doer, mas há um envolvimento da nossa própria psique na construção (ou na não-evitação) da dor psicológica, o que a difere da violência. Basta-se verificar, por exemplo, que um soco na cara dói vindo de quem venha e quando venha, mas determinadas ofensas magoam ou não magoam dependendo da nossa expectativa, do nosso estado emocional, da nossa relação anterior com o ofensor. A frase "eu não te amo mais" pode ser dilaceradora se vier de alguém especial, mas pode não significar absolutamente nada se vinda de qualquer um dos outros bilhões de terráqueos. A ofensa pode doer emocionalmente, pode magoar, mas ela depende de uma percepção subjetiva que a violência verdadeira, a violência física, não exige. Vê-se assim que dizer que "discurso de ódio" seja "violência" é no máximo uma metáfora, uma analogia, um slogan, para que se obtenha tratamento igual a coisas que são, por sua própria natureza, bastante diferentes.

11

Há algumas limitações pontuais que devo mencionar mas que, por seu efeito lateral na discussão geral sobre a Liberdade de Expressão, não explorarei em detalhe ao longo do livro. Ao analisar o cabimento de limitações à Liberdade de Expressão,

6. INCITAÇÃO À VIOLÊNCIA, AMEAÇA E OUTROS LIMITES ACEITÁVEIS

uma distinção a ser feita é a da idade das pessoas envolvidas; normalmente entende-se que limitações que visem a proteger crianças costumam ser aceitas (por exemplo, uma proibição que impeça adultos de proferirem obscenidade na presença de crianças).

Outra distinção importante refere-se ao contexto profissional e contratual em que o discurso é feito. Por exemplo, no trato com o cliente, um advogado ou um médico contam com uma Liberdade de Expressão limitada pelas suas obrigações contratuais; eles não podem, por exemplo, mentir deliberadamente (como poderiam fazer numa mesa de bar). Da mesma maneira, uma empresa tem Liberdade de Expressão mas não pode, por exemplo, mentir sobre os ingredientes no rótulo do produto, pois a relação comercial é um contrato que impõe determinados limites à expressão, como a necessidade de dizer a verdade sobre as características do produto.

Outro exemplo seria a relação de emprego e de consumo, que impediria um funcionário (de um restaurante, por exemplo) de ofender e assediar um subordinado ou um cliente. Imaginemos um gerente que profere insultos racistas contra um subordinado; é evidente que, nesse caso, dentro da relação específica que mantêm, esse tipo de discurso não deveria ser protegido pela Liberdade de Expressão. O caso seria diferente se suas ideias preconceituosas (sem incitação à violência) fossem proferidas em outras circunstâncias, no debate público amplo, fora do contexto de uma relação contratual.

Outra distinção fundamental dá-se entre espaços públicos e privados. Normalmente entende-se que o dono de uma propriedade pode regular livremente a expressão de funcionários em sua propriedade, mas há casos que podem ser mais complexos (por exemplo, a liberdade religiosa de um aluno dentro de uma escola particular). Espaços públicos são mais complicados, porque ainda que devam obedecer aos princípios fundamentais da Liberdade de Expressão, eles também podem ter outros objetivos que às vezes serão contraditórios com essa liberdade; por exemplo, o governo pode ter como objetivo tanto a preservação da Liberdade de Expressão quanto o combate ao racismo. (Aqui o leitor pode estranhar, mas essas responsabilidades não são antitéticas: o estado pode garantir a Liberdade de Expressão para todos, inclusive para o discurso de ódio, enquanto simultaneamente promove políticas públicas – como campanhas educativas – contra essas mesmas ideias.)[28]

Neste livro não explorarei esses contextos específicos, pois se entrarmos em todo portal que se abre aos detalhes, veremos que a Liberdade de Expressão é um

UM PEQUENO TRATADO SOBRE A LIBERDADE DE EXPRESSÃO

fractal infinito e não conseguirei fazer a exposição geral a que me dedico; apenas mencionei esses contextos para apontar ao leitor a existência desses detalhes no debate sobre o tema.

12

Muito embora haja um debate ético interessante sobre os limites do humor,[29] do ponto de vista das liberdades individuais a solução é bastante simples: o humor deve receber a proteção da ampla Liberdade de Expressão assim como qualquer outro discurso. Na realidade, a proteção ao humor é ainda maior, já que determinadas limitações não se aplicariam a um discurso assumidamente satírico e debochado. Mesmo a libido censória deve entender que seus ímpetos não alcançam o campo do humor; ofensa ou infração a padrões sociais (como o politicamente correto) não são suficientes para limitar a Liberdade de Expressão do artista, que está assumidamente buscando um resultado meramente humorístico. Por exemplo: ainda que alguém pense que a suástica deva ser um símbolo proibido, evidentemente isso não se aplicaria a um filme de comédia sobre o nazismo; ou vão querer proibir *The Producers* [*Primavera para Hitler*], filme de 1967 de Mel Brooks?

Nessa visão ampla da Liberdade de Expressão, a qual tenho defendido neste livro, a censura ou a condenação de humoristas por "ofensas" seriam simplesmente descabidas (casos como o de Danilo Gentili,[30] Léo Lins[31] ou Rafinha Bastos,[32] por exemplo, seriam de simples solução: suas manifestações são protegidas pela Liberdade de Expressão). Nem caberia aqui gastar o tempo do leitor para defender algo tão autoevidente.

Mas há duas observações importantes que gostaria de fazer sobre o humor e a Liberdade de Expressão. A primeira é que, como diz Glenn Loury, há certas ideias delicadas que se tornam mais aceitáveis quando ditas por um comediante; há temas que são tão sensíveis que apenas por meio do riso é possível introduzi-los no debate público e transmiti-los de um jeito construtivo[33]. O humorista muitas vezes nos faz enxergar, pelo humor, aquilo que ninguém tem a coragem para dizer a sério; Mel Brooks diz que "o escritor de comédia é como a consciência do rei";

6. INCITAÇÃO À VIOLÊNCIA, AMEAÇA E OUTROS LIMITES ACEITÁVEIS

"ele tem de dizer a ele a verdade. E esse é o meu trabalho: fazer coisas terríveis serem divertidas".[34] Uma sociedade que limita o humor não limita, assim, apenas uma atividade lateral de entretenimento; ela está limitando um dos meios fundamentais pelas quais ela reflete sobre si mesma, em especial sobre os assuntos mais polêmicos, difíceis e dolorosos de se debater.

E a segunda observação é que, por ser comumente irônico, satírico, debochado, o humor sofre um obstáculo adicional, que é o de ser incompreendido; em especial, como diz Ricky Gervais, muitos não compreendem a diferença entre o cenário da piada e o alvo da piada.[35] Daí qualquer piada que envolva Holocausto, por exemplo, já sofre uma reação impulsiva e emocional, com pedidos de silenciamento, "cancelamento", quando não de prisão do comediante. Mas ora, muitas vezes a piada utiliza o panorama histórico do Holocausto para fazer chacota dos próprios nazistas (como fez, aliás, uma ótima piada da humorista Lea Maria Jahn: o assunto da piada continha referências ao Holocausto, mas o seu alvo não eram os judeus, e sim os próprios nazistas).[36] E aliás, ainda que por meio do riso, ainda que por meio do entretenimento, a sua piada é predicada na ocorrência do Holocausto, e assim contribui para a realização de uma meta ética fundamental: a manutenção da nossa memória acerca de um dos maiores horrores cometidos na história.

Parte da resistência ao humor deriva-se, assim, de uma incompreensão sobre o próprio humor. Não vejo como resolver isso a não ser com ainda mais humor, com ainda maior exposição à comédia; como diz Mel Brooks, não dá para o humorista reduzir-se e voltar a cair em casca de banana para provocar risos. Ele deve procurar mover o seu público para frente, para que ele possa aumentar, cada vez mais, a sua apreciação sobre o que é o humor.[37]

7. Por que gosto do terraplanismo

1

Outro dia assisti ao *Beyond the Curve* [*A Terra é Plana*], um excelente documentário de 2018 sobre o movimento terraplanista.[1] Dentre outras coisas, vi ali algo admirável: muitos terraplanistas não são cegos dogmáticos que acreditam na Terra plana apenas por um ato de fé; ao contrário, muitos dedicam-se a desenvolver pesquisas para validar suas hipóteses. O filme mostra, inclusive, dois experimentos – razoavelmente sofisticados e rigorosos – que eles conduziram e cujos resultados contradizem as hipóteses da Terra plana (ou seja, contradizem as suas próprias premissas).

Saberia eu fazer isso? Saberia eu conduzir um experimento e provar para um terraplanista que a Terra é arredondada? Não vale mostrar foto da Nasa, um privilégio celeste não replicável por alguém pedestre e, portanto, sem a força persuasiva que advém da validação autônoma e independente. Toquei-me então de que eu não conhecia o tema como deveria, e que meu conhecimento sobre a Terra redonda era apenas uma fé, uma crença, um aprendizado atrofiado, uma subserviência ao argumento da autoridade – um "dogma morto" como disse John Stuart Mill; ensinaram-me assim, e eu repetia com o cérebro mais parado que a Terra no geocentrismo.

Depois do documentário investi algumas horas na internet, li alguns artigos e assisti a vídeos, e aprendi um pouco sobre geodesia, giroscópios e as provas clássicas sobre a curvatura do – veja só – esferoide oblato que habitamos. O contraditório, mesmo que um lado esteja em erro, eleva a qualidade do conhecimento e promove os bons hábitos do ceticismo e da independência de pensamento.

… UM PEQUENO TRATADO SOBRE A LIBERDADE DE EXPRESSÃO

2

Uma outra justificativa para a Liberdade de Expressão, que podemos chamar de *razão epistemológica (razão do conhecimento)*, refere-se à constatação de que não há enunciado verdadeiro que não tenha passado pelo contraditório; há inúmeras falhas e vieses no conhecimento humano, e só o confronto de argumentos e contra-argumentos permite polir imprecisões e alcançar enunciados consistentes com a realidade. A ausência de contraditório leva não apenas ao polimento sub-ótimo das nossas ideias, como também incentiva a complacência, a leniência com as nossas próprias certezas e, por fim, a cristalização de opiniões meramente dogmáticas; na ausência do contraditório, esquece-se a existência do contra-argumento e perde-se o conhecimento das razões que embasam as nossas opiniões: sem quem lhe faça oposição, a nossa capacidade de defender a verdade se atrofia.

Essa razão epistemológica é recorrente nos debates clássicos sobre a Liberdade de Expressão. Em seu *Areopagitica*, de 1644, John Milton questionou a decisão do parlamento inglês que instituiu a necessidade de licenciamento prévio à publicação (ou seja, instituiu forma de censura). Milton diz que não somos perfeitos, e o que nos "purifica" é o confronto com o oposto, o contrário. Nós precisamos rejeitar o vício, mas para que a rejeição ao vício seja virtuosa, ela não pode ser feita com base em apreensão superficial; ela precisa ocorrer com conhecimento real daquilo que o "vício promete a seus seguidores".[2] E sendo o conhecimento do vício tão fundamental para a constituição da virtude humana, "como nós podemos, com mais segurança e menos perigo explorar as regiões do pecado e da falsidade, que pela leitura de todos os tipos de tratados e pela audição de todo tipo de razão?".[3] Ou seja: não somos perfeitos, precisamos de oposição às nossas ideias (inclusive para que a fé e o conhecimento sejam exercitados[4]), e a forma mais segura de fazer isso é tendo contato com todo tipo de ideias.

Em seu *On Liberty*, John Stuart Mill apresenta três argumentos em defesa da liberdade de pensamento e manifestação. Primeiro, deve-se ter plena Liberdade de Expressão porque opiniões eventualmente suprimidas podem-se demonstrar verdadeiras; e muito embora os censores estejam certos de seu posicionamento, eles não são infalíveis: "Eles não têm autoridade para decidir a questão para toda a humanidade, e excluir todas as outras pessoas dos meios de julgamento. Impedir que uma opinião seja ouvida, porque se está certo de sua falsidade, significa assumir

102

7. POR QUE GOSTO DO TERRAPLANISMO

que a certeza *deles* é a mesma coisa que certeza *absoluta*. Todo silenciamento de uma discussão é uma presunção de infalibilidade."

O segundo argumento de Mill refere-se à necessidade que a verdade tem de ser contrastada por argumentos contrários: por mais verdadeira que seja a sua opinião, "se ela não é completa, frequente e destemidamente discutida, ela será defendida como um dogma morto, e não como uma verdade viva". Como boa parte da argumentação em favor de uma opinião consiste em rebater os argumentos de opiniões contrárias, a única via para que se possa ter uma opinião racional é o conhecimento das opiniões alternativas: "Aquele que conhece apenas o seu lado de uma questão, conhece pouco do seu próprio lado."

Por fim, Mill diz que a opinião divergente é necessária porque ela complementa a verdade: "Doutrinas conflitantes, em vez de ser uma verdadeira e a outra falsa, compartilham a verdade entre si", e é por isso que as vozes discordantes devem ser ouvidas, mesmo que divirjam das ideias mais populares e estabelecidas.[5]

3

A razão epistemológica é um chamado à humildade, uma lembrança da falibilidade do ser humano: se há alguma chance de estarmos errados, mesmo que essa chance seja ínfima, é preciso deixar livre o debate para que a verdade possa emergir em meio à livre troca de ideias. E nenhuma instituição absorveu tão bem esse princípio quanto a ciência; como se sabe, é simplesmente impossível fazer ciência sem que haja liberdade para pesquisar, discordar, criticar e propor novas ideias. Tanto é assim que, como diz David Hull em seu *Science as a Process*, "nações totalitárias de todas as tendências políticas podem suprimir a expressão artística com segurança, mas elas têm dificuldade em suprimir a liberdade de pesquisa na ciência caso queiram permanecer no poder".[6]

A ciência não é um conjunto estático de ideias que um consenso determinou como corretas; ela é na realidade o próprio processo contínuo de investigação, por meio do qual busca-se avançar o conhecimento em relação ao que sabíamos anteriormente. Para que esse avanço possa ocorrer, é fundamental que se mantenham sempre uma postura crítica, uma certa insatisfação cética, uma desconfiança que nos levem a perscrutar o trabalho científico estabelecido para apontar seus erros e para produzir algo que seja um passo além do estado atual do conhecimento.

A ciência logra estabelecer conhecimentos, evidentemente; mas esses conhecimentos não são escritos em pedra, ou em algum grande livro de verdades definitivas que jamais podem ser questionadas; muito pelo contrário, um princípio absolutamente entendido na ciência é que proposições científicas são válidas até que surjam novos fatos e experimentos que as tornem obsoletas. Todo conhecimento é provisório e sujeito a revisão; como diz Karl Popper, uma teoria que seja descrita de forma ambígua e genérica, e que sempre possa ser torcida e moldada para se encaixar em qualquer evento da realidade, essa é precisamente a teoria que carece de status científico; uma teoria só é científica se ela contiver proposições que possam ser testadas e refutadas.[7]

É simplesmente impossível falar-se em "processo científico" sem que ao mesmo tempo se reconheça a importância dessa atitude científica, da atitude crítica ao conhecimento estabelecido. Não é à toa que o lema da Royal Society, fundada em Londres em 1660 e que hoje funciona como a academia de ciências do Reino Unido, é *nullius in verba* ("nas palavras de ninguém"):[8] nenhuma autoridade, nem mesmo a científica, carrega o privilégio de dizer aquilo em que se deve acreditar sem questionar. Como disse Charles Sanders Peirce, "aderir a uma proposição de uma maneira absolutamente definitiva (...) é algo que em questões práticas, como por exemplo em assuntos de certo e errado, nós às vezes não podemos e não devemos evitar; mas fazer isso em ciência significa simplesmente não querer aprender: e aquele que não quer aprender se isola completamente da ciência". E em seguida ele diz que, baseado nessa ideia de que para aprender é preciso estar insatisfeito com o que já se sabe, há um corolário que "merece ser gravado em cada parede da cidade da filosofia", que é: "Não bloqueie o caminho da investigação."[9]

Essa postura cética e crítica não se confunde com cinismo ou niilismo; ela é apenas um falibilismo, apenas a ideia de que nós não somos perfeitos, nossos processos não são perfeitos e assim, por isso, não podemos jamais bloquear o caminho da pesquisa. Como diz Jonathan Rauch, na vida nós invariavelmente precisamos tirar conclusões, mas "não podemos ver nenhuma das nossas conclusões como estando além de escrutínio ou mudança adicional". E mais: "Essa atitude não demanda que você renuncie ao conhecimento. Ela demanda que você renuncie apenas à certeza,

7. POR QUE GOSTO DO TERRAPLANISMO

o que não é a mesma coisa. Em outras palavras, o seu conhecimento é sempre tentativo e sujeito a correção."[10]

Vejam-se as conquistas da medicina, da engenharia, da aviação, da biotecnologia, e todo o resto: é difícil imaginar nossa espécie sendo mais esplendorosa do que isso. Seria absurdo negar os avanços da ciência; se nós suspendermos o automatismo dos sentidos, e o consequente acostumamento complacente que adquirimos em relação a esses monumentos da inventividade e do empreendedorismo humano, nós perceberemos que vivemos num mundo de magia, num mundo que rivaliza com o descrito em *Star Wars*, *Star Trek* e demais ficções científicas. Mas todo esse esplendor não é alcançado porque somos infalíveis, muito menos porque resolvemos esconder a nossa falibilidade. Muito pelo contrário, nós partimos da presunção de que sim somos falíveis, e que a falibilidade é um dado do problema, e não uma variável que podemos simplesmente eliminar. A partir dessa confissão de falibilidade, nós construímos um sistema adversarial de autocorreção permanente, um sistema em que um critica e corrige o trabalho do outro, para o qual a atitude de ceticismo e crítica é fundamental.

A falibilidade da ciência não se restringe ao jaleco branco no laboratório, porque a ciência não é apenas o jaleco branco no laboratório; ela também é o cientista solicitando verba de pesquisa ao burocrata da universidade e do governo, ela também é o cientista que privilegia um colega amigo em vez do mais competente, ela também contém fraudes como qualquer outra organização humana; e assim por diante. E a ciência é uma instituição, com os seus processos, as suas culturas, as suas estruturas de incentivo e as suas relações de poder, como qualquer outra instituição. As imperfeições humanas não se limitam à execução técnica da experiência científica, mas alcançam todo o espectro social e político em que a ciência se insere.[11]

Dizer "eu acredito na ciência" no sentido de que "eu acredito que os princípios da ciência (ceticismo, indagação constante, debate aberto, pesquisa empírica, repetição de experimentos etc.) provocam avanço no nosso conhecimento" é uma frase perfeitamente lógica. O problema é que muita gente não entende esse real sentido da ciência, e acaba "acreditando na ciência" no sentido de uma fé em um determinado resultado específico que, pela própria natureza da ciência, é sempre transitório e falível. Não há nada menos científico, nada mais traidor da tradição científica, do que dizer "eu acredito na ciência" como se ela fosse uma crença a que se deve aderir sem questionamentos.

4

Ao se aplicarem os resultados da ciência para a tomada de decisões de políticas públicas, é preciso pelo menos um cuidado fundamental: muito embora a ciência seja essencial para entendermos como o mundo dos fatos funciona, ela não nos dá nenhum direcionamento sobre a sua ordem ética e moral. Digamos que amanhã alguém comprovasse ("cientificamente", como querem os fundamentalistas do materialismo científico) que casamentos arranjados trazem mais felicidade que casamentos por amor; seria assim correto que o estado estabelecesse o casamento arranjado como obrigatório, e proibisse o casamento por amor? Nós aumentaríamos a felicidade de toda a sociedade! Não é para isso que o estado serve?

A proposta é evidentemente absurda; mas não é pela ciência que nós vamos descobrir isso. A ciência pode-nos dizer que casamento arranjado traz mais felicidade, mas ainda assim somos nós que temos a liberdade de decidir como casar. Quem diz que a proposta é absurda não é a ciência, mas sim a moral (seja laica, seja religiosa): o estado não pode interferir na nossa escolha pessoal, pois isso é imoral. As pessoas não são peças de lego com as quais se pode empreender a engenharia social; a vida de cada indivíduo tem valor em si mesmo: todo indivíduo é um mundo em si, e não um meio para a construção de qualquer outro objetivo. Não apenas a moralidade se sobrepõe à ciência e à tecnocracia, como a própria vontade do indivíduo é soberana no que se refere à sua vida. Quem traz essa noção, quem nos faz enxergar a santidade da vida acima de quaisquer considerações práticas, não é a ciência nem a tecnocracia: é a moral, a ética, a religião.[12]

É por isso que é preciso ter muito cuidado com os fanáticos da ciência (os adeptos do chamado cientismo, a fé cega na ciência), os quais buscam utilizar "evidências" e "resultados científicos" como se fossem a opinião divina, como se fossem a voz definitiva do universo, e assim autorizassem a eliminação da vontade divergente e de considerações sobre moralidade. Esse uso da ciência para silenciar e impor uma política pública de maneira unilateral significa ou uma desconsideração total da humanidade alheia (quer dizer, do valor moral incontornável da liberdade do próximo), ou um uso malicioso do valor simbólico da ciência, como um argumento de autoridade destinado a constranger os demais: obedeça a ciência, seu negacionista!

O problema é que, como demonstram diversos experimentos (como os experimentos de Stanley Milgram[13]), diversas pessoas podem ser levadas a cometer

7. POR QUE GOSTO DO TERRAPLANISMO

atrocidades precisamente quando estas são chanceladas por autoridades científicas. Há muitas ideias malignas que, exatamente porque contaram com o carimbo da "ciência", passaram a ter uma respeitabilidade que de outra maneira jamais teriam.

Tomemos, por exemplo, a história do racismo científico e da eugenia. Durante muito tempo cientistas afirmaram que seres humanos são divididos em raças distintas, e que certas raças são "melhores" que outras. Alguns cientistas foram além, recomendando a esterilização forçada de pessoas visando o melhoramento genético da "raça". Se a engenharia social deve cuidar de tudo, se o governo é responsável pelo "progresso" da sociedade, por que não planejar e controlar a atividade reprodutiva das pessoas? É só a consequência lógica da crença de que o estado deve ter a função de planejar a vida dos outros, e de que a ciência é o meio correto para se descobrirem os melhores meios para isso.

Nos Estados Unidos, por exemplo, cerca de 70 mil pessoas foram esterilizadas entre 1908 e os anos 1980; segundo Mark Levine et al., isso foi "baseado em proposições 'científicas' relacionadas a 'valor' econômico, social e racial, que supostamente era genético". Na Alemanha nazista, cerca de 400 mil pessoas foram vítimas de esterilização forçada, a maioria contando com a cumplicidade de médicos. Ainda antes do Holocausto, o regime nazista implementou um programa de eutanásia para a eliminação de vidas que "não valessem a pena ser vividas". Dentre homossexuais, judeus, ciganos, pessoas "improdutivas" e outros grupos, cerca de 300 mil pessoas foram mortas nesse programa.[14] Em seu *The Racial State: Germany 1933-1945*, Burleigh e Wippermann informam que "desde o início, muitos acadêmicos e cientistas estavam envolvidos na formulação e na implementação da política racial nazista. Antropólogos, biólogos e higienistas raciais, economistas, geógrafos, historiadores e sociólogos criaram a estrutura conceitual e a legitimação científica para a implementação da política racial nazista".[15] George Stein diz que o darwinismo social de Hitler era amplamente aceito na Alemanha e era considerado "pela maior parte dos alemães, incluindo os cientistas, como cientificamente verdadeiro".[16] E em seu *Studying the Jew: Scholarly Antisemitism in Nazi Germany*, Alan Steinweis afirma que, além de explorar o antissemitismo tradicional baseado em emoções, o movimento nazista cultivou o "antissemitismo científico" que serviria de "base racional para políticas anti-judaicas" (seguindo, aliás, a filosofia de Hitler, que acreditava que o antissemitismo emocional deveria vir acompanhado de um "antissemitismo da razão").[17]

UM PEQUENO TRATADO SOBRE A LIBERDADE DE EXPRESSÃO

E então, o que me diz? Devemos seguir cegamente a ciência? Quem seguiu a ciência na época do racismo científico, do higienismo racial, da eugenia e dos assassinatos em massa estava correto? Devemos calar as vozes anti-ciência?[18]

Quem foi contra o racismo científico é "negacionista"? Deveria ter sido censurado, já que estava negando "a ciência"?

Silenciar os outros com base na "ciência" é um argumento tão absurdo que até me constranjo em o ter de explicar; mas peço licença ao leitor para apresentar mais alguns exemplos.

Vejamos o caso do estudo de Tuskegee, cujo nome oficial era Estudo de Tuskegee sobre Sífilis Não-Tratada em Homens Negros, realizado entre 1932 e 1972. O estudo foi realizado com 600 homens negros, os quais recebiam alguns benefícios (como consultas médicas) como contrapartida por participarem do experimento. O problema é que, no início dos anos 1940, a penicilina começava a ser adotada como tratamento para a sífilis; mas os participantes do estudo nunca foram avisados disso. Quer dizer, muito embora eles estivessem inseridos numa pesquisa científica, muito embora pesquisadores e médicos estivessem envolvidos com a sua saúde, ninguém nunca os avisou ou recomendou o novo tratamento para a doença que os acometia, e deram seguimento à pesquisa mesmo sabendo que aqueles pacientes poderiam ser tratados e curados. Em 1972, uma matéria da Associated Press revelou o escândalo e assim, alguns meses depois, o estudo foi encerrado.[19]

E aí, o que me diz de Tuskegee? Estaria correto "acreditar na ciência"?

Há outros exemplos mais recentes de abuso (ou pelo menos grave erro) da ciência, como o caso do remédio Vioxx (retirado do mercado americano em 2004 por causa de riscos à saúde)[20] e do remédio OxyContin, um opioide que se encontra no centro da atual crise dos opioides nos Estados Unidos. Em 2017, o Departamento de Saúde e Serviços Humanos dos EUA comunicou que dos 140 casos de pessoas que morriam diariamente no país de overdose, 91 ocorriam por causa de opioides, e que o problema passaria a ser tratado como uma emergência de saúde pública.[21] A fabricante alegava desconhecimento, mas documentos internos demonstraram que ela sabia do efeito viciante da droga.[22]

Isso para não mencionar o Projeto Kentler, um experimento em que o psicólogo alemão Helmut Kentler alocava crianças carentes para morarem na casa de pedófilos (de maneira intencional, ou seja, sabendo que eram pedófilos), com o conhecimento do serviço social de proteção à criança e do Senado alemão.[23] E aí, o certo é acreditar e nunca questionar "a ciência", inclusive nesse caso? Ou

108

será que histórias como essa nos conferem o direito, e mesmo o dever, de sermos sempre céticos e alertas?

Se o leitor pesquisar por *"science misconduct"* (fraude científica), encontrará dezenas de casos conhecidos; isso para não mencionar os erros sem malícia, porque evidentemente o próprio processo científico admite os erros cometido em boa-fé, e o processo existe precisamente para dotar a ciência de um sistema com autocorreção.

Por fim, para ficar bem claro: nada disso deve manchar o esplendor da ciência quando a entendemos como um empreendimento humano, sujeito portanto às suas paixões e imperfeições; mas também por isso, não há que se falar em aderência cega aos seus resultados. Há que se resistir ao fundamentalismo, à cientização que visa a colocar a ciência acima de todas as demais considerações; e em especial, há que se resistir às iniciativas de silenciamento daqueles que ousam manter o ceticismo e questionar os resultados da ciência. Como toda grande realização humana, a ciência é um jardim exuberante com alguns alçapões para o inferno; é preciso caminhar sempre com muita atenção.

5

Muitas pessoas em posição de poder arrogam-se o papel de civilizadores, modernizadores, tutores; pensam-se a vanguarda ideológica e moral da sociedade. Em um mundo desigual, e em especial em uma sociedade tão desigual como a nossa, desenvolve-se um certo narcisismo revolucionário naqueles que tiveram chances de estudar mais, e que assim veem-se herdeiros do "iluminismo" e do bom senso, dotados de uma missão civilizatória para erguer as massas ignaras e conduzir o país ao "desenvolvimento". É o velho imperialismo "do bem", o velho "fardo do homem branco" do colonialismo, agora em versão para Apple. A vanguarda urbana escolarizada arroga-se o papel de líder messiânico que irá realizar, custe a liberdade alheia que custar, a escatologia secular e progressista do seu idealismo.

O problema da vanguarda é que há uma contradição fundamental em sua visão de mundo: de um lado veem-se como grandes democratas, socialmente engajados, preocupados (paternalisticamente, claro) com o bem-estar das "massas"; por

UM PEQUENO TRATADO SOBRE A LIBERDADE DE EXPRESSÃO

outro lado, odeiam os rumos que as massas escolheram (democraticamente) para si, rumos esses que, naturalmente, não refletem as escolhas subjetivas de valor dos escolarizados urbanos. Não é à toa que muitos da vanguarda que adoram falar em participação pública, engajamento cívico e conselhos populares silenciam-se quando o assunto esbarra, por exemplo, em aborto, armas e pena de morte; nesses temas, a vanguarda sabe que a população não adere aos seus valores, e aí precisa transmigrar o poder para longe do povo. É preciso mover a instância decisória para um campo que lhe é favorável: as instâncias não-majoritárias do Poder Judiciário e da tecnocracia (aqui incluída a tecnocracia científica).

É nessa necessidade de sanear a ilegitimidade de seu salvacionismo que a vanguarda passa a estigmatizar a escolha popular como "populista", "fascista", "antidemocrática", "negacionista" e, ao mesmo tempo, passa a incensar a si própria como mais escolarizada, mais lida, mais amiga da ciência, e que assim se apresenta mais capaz para impor a verdade e o comportamento correto; tudo, evidentemente, baseado em "dados", "evidências" e "recomendações científicas". O objetivo é tornar a Democracia uma espécie de santo do pau oco, no sentido de oco mesmo, de vácuo, em que o nome fantasia continua sendo "democracia", mas a razão social é "tecno-cracia", um sistema em que os sistemas majoritários da Democracia são esvaziados de poder enquanto a vanguarda pode guiar o populacho para a direção "certa" da história. É a ciência performática: o uso do *branding* científico para legitimar e disseminar, com mais facilidade, o que se decidiu de maneira nada científica. Não é à toa que o nome da ciência tem sido tão abusado no debate público; talvez seja uma grande ironia, se não uma traição ao próprio espírito da ciência mesmo, esse uso do seu nome precisamente para silenciar a divergência e calar os adversários.

6

A pandemia de Covid-19 surgiu como uma Disneylândia para a vanguarda: sendo uma calamidade pública causada por uma ameaça inédita (o vírus SARS-CoV-2), abre-se espaço para soluções também inéditas propostas por especialistas, cientistas e demais tecnocratas. Problema velho não serve porque, se ele é velho, há uma certa expectativa inercial geral de que a sua solução se restrinja ao repertório de soluções aceitáveis; mas se um problema é novo (ou ao menos é descrito como novo), muitos admitirão soluções igualmente extravagantes. E se o objetivo da vanguarda é a sua escatologia, o seu exercício de condução geral, nada melhor que uma calamidade, que um problema inédito, para que ela mostre a todos quem é que manda: o objetivo não é a ciência, o objetivo é o poder; e para a manutenção do poder, de vez em quando é bom mandar nos outros para que eles se lembrem de quem é que manda. Não estou entrando aqui em teorias fantasiosas sobre a inexistência do vírus: estou apenas dizendo que a vanguarda aproveitou o momento para tentar concentrar poder.

Muitos certamente escreverão livros detalhados sobre a pandemia e suas consequências sociais e políticas; aqui tomo apenas um exemplo, bem conhecido de todos nós e bastante paradigmático nestes novos tempos: tomemos a questão do uso de máscaras. Como o leitor deve lembrar, no início da pandemia havia uma confusão sobre o uso de máscaras. De início muitos diziam que as máscaras somente deveriam ser usadas por quem estivesse doente; representantes do que seria a voz da ciência, como Anthony Fauci (principal assessor médico da Casa Branca) e Jerome Adams (cirurgião-geral dos Estados Unidos), eram enfáticos ao recomendar o não-uso de máscaras. Em 2 de março de 2020 Adams disse que uma das coisas que o público não deveria fazer é comprar máscaras; que o seu uso "não ajuda, não se provou eficaz" e que pessoas que não sabem usá-las podem acabar tocando demais na máscara e, assim, aumentar a disseminação do vírus; "você pode aumentar o seu risco ao usar uma máscara se você não é um trabalhador da saúde".[24] Em 8 de março de 2020 Fauci disse que "não há razão para andar por aí de máscara", porque elas não protegeriam tanto, porque as pessoas poderiam tocar o rosto para ajeitá-las e, ainda, porque o uso poderia causar "escassez de máscaras para as pessoas que realmente precisam delas".[25] Ou seja: não usar máscaras era a visão do "consenso", a recomendação da "ciência".[26]

Em 4 de março de 2020 a *Time* publicou uma matéria com título "Especialistas em saúde pública continuam mudando as suas orientações sobre usar ou não usar máscaras para o coronavírus". A matéria cita um professor que disse que as máscaras não serviriam para doenças respiratórias como a gripe e a Covid-19; e que se servissem, o CDC (órgão de controle de doenças dos Estados Unidos) teria recomendado o seu uso anos atrás. O CDC não recomenda máscaras "porque ele faz recomendações baseadas em ciência".[27] O problema era que, como a matéria menciona, o povão ignaro continuava comprando máscara, mesmo com a contraindicação explícita das autoridades americanas. Muitas pessoas acreditavam no contrário do que os homens da ciência diziam: que o uso de máscara as ajudava a estarem conscientes da pandemia e, assim, a tocarem menos o rosto. Mas o professor citado dizia que "não há nenhum dado para apoiar que isso é uma intervenção útil". Não faltou psicologização também, tanto por esse professor como por um psicólogo citado na matéria, que disse que o uso de máscara é um "comportamento supersticioso" e que "ainda que os especialistas estejam dizendo que não fará diferença, uma pequena [parte] do cérebro das pessoas está pensando, bem, mal não vai fazer. Talvez isso reduza o meu risco um pouquinho, então vale a pena usar uma máscara'".[28] Até esse momento na pandemia, era isso o que tínhamos como "ciência": as autoridades, o *establishment*, a mídia, os representantes maiores do que seria a voz da "ciência" estão dizendo que ninguém deveria usar máscaras (a não ser os contaminados). E isso tudo com aquela conhecida condescendência, com o deboche da vanguarda em relação aos "supersticiosos" do povo que não sabem o que é melhor para eles.

Só que por uma intuição perfeitamente válida – a ideia milenar de que talvez não seja proveitoso espirrar na cara dos outros; se bobear até os neandertais já cobriam a boca ao tossir –, as pessoas continuavam comprando máscaras. E aí, quem está certo? Não se pode duvidar da ciência? Deve-se aquiescer sem críticas?

Pouco tempo depois, em abril de 2020, o CDC mudou a sua orientação e passou a recomendar o uso de máscaras.[29] Aqui iniciou-se uma guerra política, sobre quem errou ou deixou de errar nas orientações anteriores; mas não é isso o que me interessa aqui agora. O que me interessa aqui é o que podemos aprender com esses casos, e assim entender qual é a atitude que devemos manter perante o conhecimento que nos é apresentado como "ciência", "evidência", "recomendação científica" e demais recursos a argumentos técnicos que visam a precluir o exercício legítimo do pensar e do decidir autônomos.

Em junho de 2021 Fauci respondeu às críticas que recebeu quanto a essas recomendações contraditórias, dizendo: "Esse é o jeito que a ciência funciona. Você trabalha com os dados que você tem no momento. É essencial como um cientista que você evolua sua opinião e suas recomendações baseado nos dados conforme eles evoluam. Essa é a natureza da ciência. Ela é um processo de autocorreção."[30]

Perfeito – a ciência é falível mesmo. Mas então por que afirmam tudo de maneira categórica? Por que xingam e debocham dos que pensam diferente? Isso é

7. POR QUE GOSTO DO TERRAPLANISMO

desonesto: se há chance de erro, e se você quer manter aberta a possibilidade de se corrigir depois, então essa incerteza posterior precisa ser infletida, como humildade, na asserção anterior: "Olha só, não temos certeza, não podemos condenar quem decide usar máscara, mas a nossa interpretação da ciência atual – e veja bem, essa é apenas a nossa interpretação; outras são possíveis – é que não há utilidade em se usarem máscaras." Essa é a humildade compatível, esse é o tom consentâneo com o grau de falibilidade da ciência.

Mas isso não se vê – e é raríssimo que se veja – porque a ciência não tem nada a ver com o uso político da "ciência": o objetivo aqui não é realmente ser científico, mas simplesmente usar a "ciência" como álibi para impor determinadas visões de mundo. E nesse esforço de imposição de sua visão de mundo, a estratégia é óbvia: declara-se tudo de maneira grandiloquente e peremptória, estigmatiza-se todo mundo que ousar diferir (negacionistas, obscurantistas, anti-iluministas!), e se no final algo der errado, é só vestir a fantasia de humildão e dizer que "veja bem, ciência tem erros, é um processo etc.". Na hora em que o erro aparece, o cara é humilde desde criancinha; na hora em que o erro aparece, aí surge a modéstia estratégica para servir de álibi à arrogância autoritária. Note o leitor que não estou recriminando Fauci nem ninguém no quesito técnico da recomendação; o que estou fazendo é criticando a retórica da "ciência" no debate público e na promoção de decisões de política pública.

Quem defende a ciência de verdade terá de viver, no dia a dia, com a sua falibilidade e, assim, tem de admitir a incerteza como parte intrínseca a qualquer recomendação. Não se pode tomar decisão dizendo "é a ciência" e acabou, porque há sempre a possibilidade de erro. Não se pode cristalizar um momento qualquer na cronologia da evolução da ciência e dizer que aqui, este ponto aqui e agora!, é onde temos 100% de certeza. Nosso conhecimento é sempre provisório e falível, e assim temos a obrigação moral de reconhecer que a opinião dissidente de hoje pode ser a ortodoxa de amanhã.

A ciência é fantástica não porque ela acerte sempre e nunca cometa erros, por mais que os atuais censores queiram vendê-la como tal; a ciência é fantástica porque ela encontrou um meio de permitir a correção contínua de erros, num processo que envolve tanto atitudes (ceticismo e humildade) como métodos (experimentos replicáveis etc.). Então não recrimino aqui ninguém pelo erro; o que recrimino é a húbris, o tom pontificador, o uso da "ciência" como álibi tecnocrático, a retórica intransigente que promove o silenciamento de toda e qualquer divergência, inclusive estigmatizando aqueles que ousem pensar e que – ó deus, o crime! – ousem ter dúvidas. É em nome da ciência inclusive, em nome de seu espírito aberto e questionador, que creio ser preciso recriminar a corrupção de tudo o que a ciência significa (crítica e correção de erros) causada pelo ímpeto intransigente e autoritário da vanguarda.

7

De vez em quando os vanguardistas, bolchehipsters e demais tecnocratas esquecem que a quarta parede não existe e, sem querer, acabam revelando mais do que deveriam. Exemplo disso é o artigo "Autoritarismo necessário",[31] escrito por Atila Iamarino, divulgador científico e colunista da *Folha de S. Paulo*. Só o título já deveria pôr em alerta qualquer mente minimamente sã que se importe com a Democracia. O seu argumento é mais ou menos o seguinte: há muita propaganda falsa, muita divulgação antivacina. Com isso, mesmo que "cientistas, profissionais de saúde e divulgadores científicos" façam um "estardalhaço", eles "não corrigirão isso". E assim, "se a informação falsa sobre vacinas não for barrada na imprensa e em redes sociais, só uma vacinação compulsória chegaria em proporções suficientes. Um apelo autoritário, de uma forma ou de outra", diz Atila.

Simples, não? É isso, "um apelo autoritário, de uma forma ou de outra". E assim justifica-se a derrubada de alguns séculos de lutas por igualdade, liberdade, democracia; o que é a Democracia liberal e a constituição da república diante de argumentos tão fortes a favor do "autoritarismo necessário"?

Mas não abordo o artigo em detalhe porque já o fiz em outra ocasião.[32] Trouxe-o aqui apenas como exemplo para o leitor que, incrédulo, julgar que eu exagero quando falo do uso da "ciência" como álibi da libido censória e autoritária. É a "ciência" defendendo "autoritarismo necessário"; dá para ser mais claro do que isso?

O autoritarismo tecnocrático, essa fetichização da ciência e a vontade tirânica de impor os seus resultados aos "negacionistas" que insistem em a ignorar, é resultado de um excesso de confiança na ciência, que por sua vez advém do que Karl Popper chama de visão otimista da epistemologia.

7. POR QUE GOSTO DO TERRAPLANISMO

Em seu *Conjectures and Refutations* [*Conjecturas e Refutações*], Popper faz uma distinção entre a epistemologia pessimista e a otimista. A pessimista duvida da capacidade da razão humana e do seu "poder para discernir a verdade", e estaria assim ligada a uma visão tão baixa, tão demeritória da humanidade, que acaba levando à demanda por instituições fortes, com autoridades poderosas, as quais "salvariam o homem de sua loucura e sua maldade".[33]

Por outro lado tem-se a epistemologia otimista, cuja doutrina central é a ideia de que "a verdade é manifesta". De vez em quando a verdade pode até estar encoberta, mas uma vez que ela esteja à nossa frente, "nós temos o poder de enxergá-la, de distingui-la da falsidade, e de saber que ela *é* verdade".[34] Se por acaso a verdade não estiver manifesta, ela precisa apenas ser "desvelada, ou des-coberta"; depois disso, "não há necessidade de discussões posteriores. A nós foram dados os olhos para enxergar a verdade, e a 'luz natural' da razão por meio da qual a enxergar". Essa visão otimista da verdade manifesta, que também é parte do "otimismo racionalista" do iluminismo,[35] inspirou a humanidade ao uso da razão e permitiu o desenvolvimento da ciência e da tecnologia modernas; os feitos realizados em nome desse otimismo são de fato inquestionáveis.

O problema é que, se a verdade é algo que todos nós podemos ver, se todos somos capazes de razão, não é necessário explicar como alcançamos o conhecimento, porque é simples: basta abrirmos os olhos que a verdade se manifestará. O que precisa ser explicado, então, é como alguém consegue errar: se a verdade está na nossa frente, por que você não a enxerga? Evidentemente que a sua dificuldade em enxergar somente pode ser causada por algum problema com você; ou você recusa-se a ver a verdade, ou tem preconceitos "inculcados por educação e tradição", ou sofre influências perniciosas "que perverteram nossas mentes originalmente puras e inocentes".[36]

Vê-se assim a outra face, a outra personalidade malévola da crença otimista na razão; vê-se assim como que, muito embora por uma outra rota, a visão otimista acabou encontrando-se com a pessimista no mesmo destino: não porque julgue o homem incapaz de razão, mas sim porque ele seria incapaz de blindar-se dos preconceitos e das influências erradas. De uma maneira ou de outra, o homem precisa ser tutelado para que ele possa finalmente "aceitar" a verdade que a realidade lhe esfrega na cara.

A doutrina da verdade manifesta é simplesmente falsa; "a verdade é frequentemente difícil de alcançar, e uma vez encontrada ela pode ser facilmente perdida de novo. Crenças errôneas podem ter um poder de sobrevivência surpreendente, por milhares de anos".[37] A verdade não é algo autoevidente e perceptível de maneira espontânea, mas sim o resultado de um trabalho cognitivo e metodológico complexo e árduo, muitas vezes com resultados imprevisíveis e contraintuitivos, sujeitos ainda a distintas interpretações. Ela não é tão fácil, tão direta, tão certeira, e assim não dá ensejo a esse excesso de confiança na ciência que embasa o autoritarismo tecnocrático.

E assim a única maneira de se obter A Verdade, a verdade manifesta, uma descrição única e derradeira da realidade, será por meio do estabelecimento de alguma autoridade. Segundo Karl Popper, "essa teoria é a base de quase todo tipo de fanatismo. Porque somente a maldade mais depravada pode se recusar a enxergar a verdade manifesta; somente aqueles que têm motivo para temer a verdade conspiram para a suprimir".[38] E é assim, por meio desse mecanismo, que a doutrina da verdade manifesta dá ensejo ao autoritarismo; é essa a base epistemológica do fanatismo científico da vanguarda.

A Verdade existe e é fácil de enxergar; se você não enxerga, é porque é mau ou porque não quer; logo, vou te obrigar. Não é à toa que grandes entusiastas da razão, do "iluminismo", da ciência comportam-se hoje como fundamentalistas, fanáticos autoritários, buscando perseguir, silenciar e subjugar as consciências dos que se recusam a enxergar a verdade manifesta. A vanguarda hoje parece um exército de fanáticos repetindo "ciência, ciência, ciência!" em transe enquanto buscam mais um pretexto qualquer para mandar e intervir na liberdade do cidadão comum.

Por sorte eles ainda não queimaram todos os livros; pelo menos ainda não o de Popper, que nos permite trazer luz a uma verdade, essa sim completamente às claras, aberta e devassada a quem quiser enxergar: a "defesa da ciência" é hoje um grande pretexto da libido censória de cínicos, tiranos e demais fundamentalistas "do bem".

7. POR QUE GOSTO DO TERRAPLANISMO

8

A divisão de tarefas – e a consequente especialização – existentes no livre-mercado não são fundamentais apenas porque contribuem para a produtividade geral da sociedade; de fato, deixar a ciência para o cientista, o sapato para o sapateiro e a engenharia para o engenheiro permite o aprimoramento de suas técnicas, a melhoria dos seus resultados e o barateamento dos seus serviços. Mas a divisão de tarefas tem uma função adicional: ela tende a provocar um senso de vocação, um etos profissional, um conjunto de regras que transformam a ocupação: ela deixa de ser apenas um emprego e passa a ser uma instituição dedicada ao seu mister, com seus códigos de conduta, seus parâmetros de qualidade, suas regras e etiquetas não-escritas, e assim por diante.

Minha hipótese é que essa institucionalização da profissão confere valor simbólico máximo à atividade profissional em detrimento de outras atividades e, por isso, galvaniza a atenção dos profissionais em torno da sua profissão: eu sou sapateiro e faço sapatos, e que se dane o mundo (enquanto eu estiver fazendo sapatos). Essa postura permite o isolamento da profissão em relação a ruídos externos e a uma série de manipulações extrínsecas, que eventualmente visem a utilizar o espaço profissional para fins outros, como por exemplo fins políticos. Quer dizer: a divisão de tarefas não é boa apenas porque separa tarefas separáveis com o objetivo de aumentar e produtividade; ela também é boa porque separa mundos simbólicos, e assim impede que ideias circulem em espaços onde a sua presença não contribuiria para os fins a que esses espaços se destinam.

Nós assumimos (ou pelo menos assumíamos) que o espaço profissional é um espaço sagrado que outras considerações não podem penetrar, e isso é uma coisa boa. Por esse motivo é que nós sempre pudemos comprar do padeiro, consultar-nos com um médico ou contratar um arquiteto sem que as nossas posições políticas interferissem na nossa relação econômica; o mercado é um campo neutro em que mesmo adversários podem-se relacionar, e considerações de qualquer ordem, como políticas ou religiosas, não são sequer reconhecidas no trato profissional; bom, pelo menos era assim até pouco tempo atrás.

Permita-me o leitor contar um causo (verdadeiro). Uma vez estávamos em Galinhos, no Rio Grande do Norte, e almoçamos num restaurante cujo dono era um militante antigo de um partido político brasileiro (ele contou um pouco da sua história). Restaurante pequeno, ele era o garçom também. Quando a moqueca ficou pronta, ele a trouxe na panela capixaba, pousou-a sobre a nossa mesa e, ao levantar a tampa, falou: "Fora, Temeeeeer!" Para quem não lembra, o grito de "fora, Temer" era um xibolete, um marcador social de identidade, um distintivo verbal que estava na moda em 2016-2017, época em que Dilma Rousseff sofreu *impeachment* e Michel Temer assumiu a presidência. Por que o dono de um restaurante sente a necessidade de proferir as suas opiniões políticas a clientes que só queriam comprar o seu produto? Por que contaminar o seu espaço profissional dessa forma? Qual o sentido dessa descompartimentalização da vida social? Para quê unificar esses mundos simbólicos?

Há pessoas que se esforçam para ver política em tudo; dizem que "tudo é política", que comer é um ato político, que um hambúrguer é um ato político, que viver é um ato político e assim por diante; pensam que estão sendo engajados, "críticos", conscientes, justiceiros virtuosos ao interpretar tudo com a lente da política. Normalmente é a mente escatológica, aquela que crê que existe um curso correto para a história, que pensa assim; porque se ela reconhecer que há espaços fora da política, reduz-se a sua jurisdição, o seu escopo de atuação, o seu espaço para intervir e promover assim os seus ideais utópicos. Se você está certo do caminho da história, se você sabe para onde ela deve ir, por que admitir um espaço onde o seu poder não alcança? Não faria sentido. É por isso que adoram uma música "engajada", uma arte "engajada", uma crítica política da "família burguesa": tudo é política porque tudo *deve ser* política, que assim podemos mudar e mandar em tudo.

Considerações de ordem política têm, no entanto, invadido todas as esferas, inclusive a ciência. E aqui trago uma conversa que para mim foi reveladora e decepcionante ao mesmo tempo. Ben Shapiro, comentarista político conservador, estava entrevistando Neil deGrasse Tyson, astrofísico e divulgador científico. Em dado momento, Shapiro pergunta sobre determinadas restrições existentes atualmente no debate público, que certas coisas não podem ser ditas, como por exemplo a proposição de que "mulheres biológicas são mulheres biológicas" (que em sua visão seria a verdade científica). Tyson então questiona Shapiro de volta: mas aonde você está indo com isso? O que você está querendo alcançar com isso "ao se perguntar se isso é ciência ou não é ciência"?

Shapiro então diz que "esse é um exemplo perfeito de uma área onde de repente não importa dizer coisas que sejam apenas verdadeiras. Por que isso é ruim ou errado?" Quer dizer, Shapiro está questionando uma espécie de espiral do silêncio, uma autocensura quanto a proposições que, muito embora sejam verdadeiras, simplesmente perderam sua aceitabilidade social e assim não podem ser ditas sem que o locutor seja estigmatizado. Na visão de Shapiro, dizer a verdade jamais deveria ser algo estigmatizável. Aliás, não é isso o que defendem os homens da "ciência"? A ciência e nada mais que a ciência, a verdade e nada mais que a verdade? Se isso não é assim, então há outras considerações acima da ciência; e se há considerações acima da ciência, é porque a ciência virou instrumento de outra coisa. Então não é pela ciência; é pela política, pelo projeto político, o qual usa a "ciência" como álibi (porque sabe que, no estilo do experimento de Milgram, é mais fácil enganar os outros por meio da autoridade do jaleco branco).

Tyson responde que o problema é que ele não confia no uso que se fará com essa informação em relação à liberdade de outros. E então insiste, perguntando a Shapiro: mas qual a sua "motivação"? E então menciona a necessidade de termos um mecanismo que impeça que o sistema político possa limitar direitos de minorias com base em achados científicos. E aqui Shapiro aponta, como me parece óbvio, que preservar direitos é importante mesmo, e é por isso que há uma constituição e demais instituições da república. A função de preservação de direitos é dessas instituições, e não da ciência – muito menos se isso significar a mentira (ou pelo menos a omissão) em nome da "ciência"; e isso porque a ciência é algo tão importante, mas tão importante, que precisamos preservar a sua credibilidade, o que exige que não emprestemos o seu nome a considerações de ordem política que não sejam do campo da ciência.

De todo modo, e apesar dessa escorregada de Tyson de importar preocupações políticas para dentro do mundo da ciência, ao final do trecho ele diz que talvez o melhor mesmo seja manter uma linha separada: "Deixa a ciência fazer o que faz, mas os políticos, que nos mantenham livres."[39] Então pode ser que ele só tenha sido extremamente cuidadoso por causa do tema, que sem dúvida é bastante sensível atualmente e tem gerado perseguições, "cancelamentos" e demais tentativas de silenciamento. E vale lembrar que Tyson sempre manteve uma posição científica bastante convicta, tendo dito coisas como "o bom da ciência é que ela é verdadeira, quer você acredite nela ou não".[40] O que evidentemente é falso, porque às vezes a ciência erra; mas quando ela é verdadeira, aí sim, ela não depende de acreditarmos nela ou não.

Mas meu ponto aqui foi apenas mostrar que mesmo alguém como Tyson, um divulgador científico que defende fatos e evidências, mesmo alguém como ele deixou a política arrombar a porta, botar o jaleco branco e começar a experimentar nos camundongos; mesmo ele parece ter cedido à pressão de pensar politicamente antes de cientificamente. O primeiro problema aqui é o óbvio: ele fala em "motivação", mas o que seria uma "motivação" aceitável ou correta? Qual é o lado político "certo" para onde Tyson admitiria que fôssemos? Quem adjudica?

Essas perguntas podem ser importantes, mas elas não estão no campo da ciência, e sim da política, da ética, da moral. É evidente que determinadas proposições de fato acabam tendo repercussões de norma; há gente que confunde *ser* com *dever ser* e, por isso, acaba transplantando a ciência diretamente para a política. No capítulo anterior nós discutimos como a linguagem molda o diagnóstico e, assim, sugere determinadas soluções; descrições da realidade, sejam especulativas ou científicas, impactam em como pensamos as políticas públicas. E é preciso cuidado mesmo, como mencionei quando apresentei exemplos como o da eugenia e do racismo científico. Mas e aí, o que isso nos ensina? Que devemos bolar um mundo ideal e usar a "ciência" para embasar esse mundo ideal, ainda que com mentiras? E se esse "mundo ideal" for o mundo do racismo e do antissemitismo, como ocorreu na Alemanha?

Será que o correto não seria precisamente o contrário, quer dizer, entender os limites da ciência, entender que ela é sujeita a uma série de influências e imprecisões, e que por isso ela não deve ser tomada como referência absoluta para a condução da política? Que o correto é entender que existe uma moral superior à ciência, e que ela deve-se basear na inafastabilidade da liberdade e da soberania do indivíduo?

Ciência e política estão numa discussão de relacionamento; mas a saída não é trazer a política para dentro da ciência, como Tyson quer ou pelo menos parece tolerar; a saída é o contrário: é que a política utilize o conhecimento científico com crítica e sobriedade. Olha só gente, não é porque nós descobrimos que há pessoas que são canhotas que nós vamos discriminá-las e forçá-las a escrever com a mão direita, ok? A ciência pode dizer o que quiser, a ciência pode até dizer que escrever com a mão direita é mais eficiente, mas para nós aqui isso não importa: a moral simplesmente não nos deixa discriminar. Para uma política que não toma a ciência como oráculo e sempre a submete à mediação da crítica política e moral, isso é óbvio. Quem toma a ciência como um ato de fé é que acaba cometendo os autos-da-fé.

Repare que o "tudo é política" trazido para a ciência simplesmente destrói a prática científica, que agora deve minimizar os seus princípios (como o da

7. POR QUE GOSTO DO TERRAPLANISMO

objetividade) em nome de determinados ideais políticos.[41] Por exemplo, tomemos o ensino da evolução de Darwin. Poderíamos muito bem argumentar que a ideia da criação divina é muito mais igualitária e inclusiva: Deus criou os homens de forma igual, e nos ama da mesma maneira. Não é uma premissa fantástica para garantir a nossa igualdade? Contrariamente, a teoria de Darwin fala sobre competição, seleção natural e sobrevivência dos mais adaptados; aonde isso vai nos levar? Qual a "motivação" de Darwin e daqueles que também defendem a sua teoria? É óbvio que isso leva à divisão da humanidade em raças, à comparação entre raças, à diferenciação, à discriminação, ao racismo e, em última análise, ao genocídio de raças consideradas inferiores. Aonde essa "ciência" nos levou?[42]

Veja só, que ninguém me tome por inocente: é evidente que há usos legítimos da mentira, ou pelo menos da omissão (um caso de espionagem em tempos de guerra, por exemplo). Mas isso deve ser usado em situações excepcionalíssimas, em casos gravíssimos; podemos concordar que talvez o divulgador científico não precise explicar como construir em casa uma bomba atômica interplanetária. Mas o problema maior é a perda da credibilidade. Nós já temos tanto espaço para oportunismo, ardil e manipulação na nossa sociedade, que é importante preservarmos alguns espaços regidos por outras normas; a ciência pode até ter diversos problemas, pode recair em oportunismo, ardil e manipulação, mas será melhor se isso for um problema de desempenho em vez de um problema de arquitetura que nós mesmos implementamos. Se amanhã Tyson fizer uma afirmação científica, devo acreditar que ele está sendo 100% científico, ou que há considerações políticas que o movem e assim moldam aquilo que ele diz? Evidentemente que credibilidade é um estoque, e ela não se perde toda de uma vez; mas esse tipo de ação contribui para derrubá-la bastante.

Há instituições que se vendem como ativistas: nenhum partido político perde credibilidade por assumir lados políticos; muito pelo contrário, isso é o esperado. Mas há instituições que se vendem como neutras, como baseadas em evidências, como lastreadas na realidade, como a ciência e a imprensa/jornalismo; quando elas traem esses ideais, quando elas forjam ou omitem informação para a promoção de ideias que nada têm a ver com a sua missão, é nesse momento que a sua legitimidade começa a ruir. E aliás não é o que tem ocorrido com diversas instituições tradicionais, como governo, mídia, academia? São instituições que ainda não entenderam os caminhos da legitimidade do século XXI; mas isso veremos mais à frente, quando falarmos das novas tecnologias da liberdade.

8. Democracia e o gambito da Liberdade de Expressão

1

Em seu *Reflections on a Ravaged Century*, o historiador Robert Conquest observa que, na Inglaterra, a Liberdade e o Governo da Lei surgiram muito antes da Democracia. Ter o direito de votar e ser votado é importante; mas a Democracia pode-se degenerar em uma formalidade perfunctória e perniciosa se nós não tivermos os mecanismos (a Liberdade e o Governo da Lei) que nos permitam emitir livremente a nossa opinião, questionar os poderosos e mantê-los sempre em xeque. Não se pode confundir as liberdades com a Democracia e, segundo Robert Conquest, essa distinção é amplamente entendida pelos ingleses. Quando você está num *pub* e um inglês pergunta, com indignação, "Isso aqui é um país livre ou não é?", ele não está-se referindo ao seu direito de votar ou a qualquer outro mecanismo formal e mecânico da Democracia. Ele refere-se apenas ao direito de dizer o que ele quiser.[1]

2

Imagine um país democrático chamado Yavin em que, apesar de você poder votar e poder ser eleito para o Congresso, não há Liberdade de Expressão: você pode ir preso por críticas ao presidente ou a um ministro do Supremo Tribunal, por exemplo.

E imagine uma ditadura chamada Bespin em que, apesar de não haver qualquer tipo de eleição, há Liberdade de Expressão: todos são livres para criticar (e satirizar, insultar, difamar, caluniar, desacatar) abertamente o ditador e a classe dirigente.

Imagine ainda que em Yavin não haja Governo da Lei, e os julgamentos sejam feitos sumariamente, por tribunais de exceção, com restrições à defesa e sem a fiscalização do Ministério Público. E imagine que em Bespin exista Governo da Lei, e os julgamentos sejam feitos seguindo-se os princípios do devido processo legal, com juiz e promotor naturais, ampla defesa, revisão por tribunais colegiados, e assim por diante.

O leitor entende aonde quero chegar: Liberdade e Governo da Lei são mais fundamentais que Democracia. Tudo o mais constante, muitos (eu incluso) preferiríamos viver em Bespin, e não em Yavin, a despeito de seus direitos eleitorais.

3

A Democracia é uma estrutura formal de decisões que serve, sobretudo, para garantir a transição pacífica de poder. Isso é bom porque reduz a concentração de poder e os riscos de tirania, o que contribui para a manutenção da Liberdade e do Governo da Lei.

Ou seja: a Democracia não é um fim em si; se nós constituímos essa estrutura formal, é porque entendemos que ela seja necessária para a preservação da Liberdade e do Governo da Lei. A Liberdade não foi inventada pela Democracia, e tampouco está a serviço dela; a realidade é exatamente o contrário: é a Democracia que deve servir à Liberdade.

É por isso que é prepóstera, estapafúrdia, a ideia de muitos autointitulados "defensores da democracia" e "iluministas" que acreditam que seja preciso restringir a Liberdade para garantir a Democracia; ora, a Democracia não é o objetivo: o objetivo é a Liberdade. Restringir a Liberdade para preservar a Democracia é colocar o instrumento à frente do alvo; é como matar o paciente recalcitrante para que se possa aplicar-lhe mais facilmente o remédio; segura o homem, agarra o pescoço, isso, continua, espera mais um pouco, parou de respirar? Pronto, agora ficou fácil seguirmos o protocolo!

8. DEMOCRACIA E O GAMBITO DA LIBERDADE DE EXPRESSÃO

O compromisso não pode ser com o tratamento, mas sim com a cura, com a vida do paciente; e a cura é a medida das coisas, é o que informa e nos permite avaliar a qualidade do tratamento. A Liberdade – em especial a Liberdade de Expressão – é a medida da qualidade da nossa sociedade política; o seu estado informa e nos permite reavaliar a qualidade da nossa Democracia.

(Não, espera, olha só: nós não vamos acabar com a Liberdade para salvar a Democracia; nós vamos restringir só um pouquinho, só por um momento curto, para repelirmos a ameaça; daí logo depois nós restauramos a Liberdade!

Essa crença no "autoritarismo cirúrgico" foi exatamente o que ouvimos em 1964: vamos só dar um golpe aqui rapidinho para evitar a ameaça comunista e, logo em seguida, voltamos com a Democracia. O "rapidinho" custou-nos 20 anos de incompetência, prisões e torturas).

Só que não sejamos injustos ou cruéis com os "defensores da democracia": o negócio é mais complicado que isso, evidentemente, porque a Democracia é o único regime que não se comprovou (necessariamente) tirânico, e que se provou capaz de garantir minimamente alguma Liberdade. Por isso que o exemplo sobre Yavin e Bespin tem uma contradição fundamental: nenhuma ditadura permitiria o livre-questionamento de sua classe dirigente. Algumas democracias tampouco o permitem, mas ao menos com ela há alguma chance de isso ocorrer (a Democracia é uma condição necessária – embora não suficiente – para a proteção da Liberdade).

Para o pai cujo filho depende de um remédio para sobreviver, o acesso ao remédio não se torna sinônimo de sua própria vida? Quando um meio é condição necessária para um fim ele não se torna correquisito, confundindo-se com o próprio fim?

Sendo a Democracia o único meio para garantir a Liberdade, é natural que haja a confusão conceitual: Democracia e Liberdade tornam-se quase sinônimas, e são portanto percebidas como fins em si mesmas. Em rigor não vejo problema nessa confusão quando ela ocorre nos momentos em que a Liberdade não esteja envolvida; em comparação com todos os demais requisitos da vida pública e da política, é defensável a tese de que a Democracia seja um "fim"; devo tiranizar a economia ou preservar a Democracia? Entrar em guerra ou preservar a Democracia? Planejar centralmente a cultura ou preservar a Democracia? Em todos esses casos, a Democracia pode ser vista como um fim mesmo, ao menos em comparação, precisamente por seu papel na preservação da Liberdade.

UM PEQUENO TRATADO SOBRE A LIBERDADE DE EXPRESSÃO

O problema ocorre quando se contrasta Democracia com Liberdade; aí não, aí a Democracia já não é mais o fim. Aí precisamos fazer a separação de substâncias, dissipar a sinonímia, e entender que uma coisa é o ouro, outra coisa é a vazante que o nos traz.

Do exposto entende-se a confusão que muitos "defensores da democracia" fazem: calem-se os dissidentes e os seus "ataques" às instituições, seus atos "antidemocráticos", proíbam-se as *fake news* e os "discursos de ódio"! E assim, claro, salvaremos a Democracia. O que esses incautos dizem é: restrinja-se a Liberdade para preservar a Democracia! Mate-se o paciente para aplicar-lhe o tratamento! O paciente pode até morrer; mas a cirurgia – a nossa jovem cirurgia! – essa será um sucesso.

4

Pessoas que ocupam posições de poder sempre abusarão (ou tentarão abusar) de seu poder; e assim qualquer regulação da Liberdade de Expressão sempre será utilizada de forma arbitrária, seletiva e caprichosa, buscando atingir apenas os seus adversários e os agentes políticos que mais lhes incomodam.

Sem uma cultura de tolerância às críticas mais ácidas e agressivas, qualquer órgão do governo sempre poderá caracterizar críticas como uma "ameaça" à Democracia, como um "ataque"; e se é um "ataque" a um órgão da república, então poderão alegar que isso desestabiliza a república; e se desestabiliza a república, dirão então que é preciso silenciar os que promovem esses "ataques" (veja-se, por exemplo, como têm sido tratadas algumas críticas às urnas eletrônicas).[2]

Da mesma maneira, ativismos para alterações legais (por exemplo: devemos acabar com a lei que proíbe apologia ao nazismo?) e outras alterações estruturais da república (como a promoção do parlamentarismo, ou mesmo do comunismo) poderiam ser igualmente silenciados pela mesma acusação de significarem "ameaça" e "ataque", uma vez que significam apoio a alterações (de direitos e de instituições) que muitos poderiam considerar desumanas ou nocivas ao país.

Só que sabemos que há "ataques" e ataques; a aceitabilidade social de determinada ideia é mais função da moda do que da lógica. E é por isso que determinadas ideias, por mais que signifiquem um ataque frontal à Democracia – como o comunismo –, acabam tendo trânsito permitido, ou pelo menos trânsito mais permitido que o concedido a outras ideias autoritárias.

Uma ideia torna-se moda não por causa de sua lógica ou substância, mas sim por causa do seu marketing; o que por sua vez acaba sendo determinado pela respeitabilidade e pela estética daqueles que a anunciam (por "estética" refiro-me não apenas à beleza, mas à aparência em geral, incluindo a forma de apresentação, as histórias envolvidas, a reputação do garoto-propaganda etc.). Não é à toa que as ideias que mais têm aceitação – que mais são consideradas "do bem" e em harmonia com a "democracia" dos mandarins – sejam precisamente as ideias de artistas, jornalistas, escritores, intelectuais, profissionais da informação em geral. Um artista famoso e bonito consegue fazer até roupa rasgada tornar-se moda, apenas pela força da respeitabilidade que empresta à peça; quem discorda e não enxerga essa beleza muitas vezes prefere ficar quieto e fingir que admira as novas roupas do rei. O mesmo mecanismo funciona para a vida intelectual: tornam-se hegemônicas as ideias dominantes entre as pessoas com maior projeção de estética e respeitabilidade; as suas ideias passam a ser o acessório da moda que muitos passam a cobiçar. (E a hegemonia impõe tudo; impõe até convicção sincera.)

5

O que nos traz ao recente debate no Brasil sobre os chamados "ataques" às instituições. Se esses "ataques" configurarem ameaças reais e incitação à violência, realmente não merecem a proteção da Liberdade de Expressão, como vimos anteriormente. Mas o problema é que alguns jornalistas e altos dirigentes têm chamado qualquer coisa de "ataque", em especial asserções que seriam apenas críticas contundentes, muitas vezes até ácidas e de mau gosto, mas ainda assim sem ultrapassar as fronteiras verbais da vituperação.

Ideias como a instauração de um regime militar ditatorial ou o fim de uma instituição da república (como o Poder Judiciário ou o Tribunal de Contas da União) podem ser péssimas, mas enquanto elas se mantiverem no campo do ativismo e não

UM PEQUENO TRATADO SOBRE A LIBERDADE DE EXPRESSÃO

incitarem à violência, esse tipo de opinião deve ser permitido no debate público. Muitas vezes os tais "ataques" ou "atos antidemocráticos" não chegam nem a isso, limitando-se mesmo a críticas (ainda que severas) a órgãos e práticas da república.

Se a busca por proibir "ataques" realmente visasse a coibir todo e qualquer tipo de proposta de extinção de instituições da república, viesse da ideologia e do partido que viesse, ainda assim seria péssimo, mas pelo menos haveria *neutralidade de ponto de vista*: estar-se-ia pelo menos evitando o tratamento preferencial dentro do jogo político. Porém não sejamos ingênuos, ao menos não enquanto a ingenuidade ainda não for compulsória: não há qualquer isonomia na aplicação do critério do que significariam os tais "ataques". Ideologias que abertamente propõem a derrubada da ordem política e econômica do Brasil, como por o exemplo o comunismo, têm curso livre em todos os lugares, havendo inclusive partidos políticos que aplaudem a via revolucionária. Eu nem me estenderei aqui em exemplos: qualquer leitor que já tenha posto os pés em qualquer universidade pública brasileira terá visto expressões de defesa do autoritarismo revolucionário.

Então para não perdermos muito tempo, fiquemos com apenas um exemplo realmente singular: a nossa Câmara dos Deputados, o nosso parlamento de representantes eleitos democraticamente, aqui nesta Democracia cujos "defensores da democracia" dizem lutar para preservar; essa Câmara promoveu "sessão solene" em 2017 para celebração dos 100 anos da Revolução Russa. Segundo o deputado Chico Alencar (PSOL-RJ), "celebrar o centenário da Revolução Russa é lembrar que 100 anos se passaram, que a condição da sociedade humana hoje é muitíssimo diferente, mas alguns elementos persistem a exigir uma postura revolucionária".[3] Em seu discurso, o deputado mencionou a necessidade de "utopia" diversas vezes, elogiou o viés democrático da revolução e, ao final, concluiu: "Façamos a revolução, viva a Revolução Russa."[4]

O observador atento há de se perguntar por que a Câmara de um país que ama tanto a Democracia dedicaria uma sessão solene a uma revolução que deu origem a um dos regimes totalitários mais sanguinários da história da humanidade; botaram algo na minha água? Estou sofrendo de alucinações? O observador atento deve ter a humildade para questionar a própria sanidade. Segundo Richard Pipes, o custo dos experimentos dessa utopia, essa "utopia" mencionada na Câmara, "foram impressionantes (...). Várias justificativas foram oferecidas para essas perdas, como a de que não se pode fazer uma omelete sem quebrar os ovos. Afora o fato de que seres humanos não são ovos, o problema é que nenhuma omelete emergiu do

8. DEMOCRACIA E O GAMBITO DA LIBERDADE DE EXPRESSÃO

massacre".[5] Aqui devo discordar do grande Richard Pipes, pois a omelete emergiu e está muito bem servida: tem boquinha melhor do que lograr ocupar cargo político enquanto se celebra o democídio a distância? A omelete só não chegou a quem diziam que iria chegar, evidentemente. *O Livro Negro do Comunismo*, editado por Stéphane Courtois, aponta que aproximadamente 20 milhões de pessoas foram assassinadas na União Soviética, e cerca de 100 milhões morreram por causa do comunismo no mundo.[6]

Menção honrosa merece a declaração de Erika Kokay (PT-DF), que conseguiu produzir um "ataque" à democracia, uma declaração pseudocientífica e uma *fake news* tudo ao mesmo tempo e em uma só frase; se algum dia houver um museu da desinformação neste país, espero que sua declaração se ostente à entrada em posição triunfal. Ela disse que a Revolução Russa logrou mostrar que era possível "construir uma sociedade onde ninguém tivesse que viver a dor da fome";[7] eu sei, caro leitor: haja estômago para ouvir algo assim. A menos que se trate de uma piada (não sente a dor da fome aquele que já morreu de fome), a afirmação só pode ser uma brincadeira.

Ou talvez ela tenha-se esquecido dos milhões que morreram de fome por políticas deliberadas da União Soviética. Em seu *The Harvest of Sorrow*, Robert Conquest ensina que entre 1929 e 1932 a União Soviética implementou duas políticas desastrosas: a deskulakização, que significou "o assassinato, a deportação para o Ártico com suas famílias, de milhões de camponeses"; e a coletivização, que foi "a efetiva abolição da propriedade privada da terra, e a concentração dos camponeses remanescentes em fazendas 'coletivas' sob controle do partido". Segundo Conquest, "essas duas medidas resultaram em milhões de mortes". Em seguida, entre 1932 e 1933, o problema foi agravado na Ucrânia, com "a definição de cotas de grãos bem acima do possível, a remoção de todo punhado de comida, e o impedimento de que ajuda externa – mesmo de outras áreas da URSS – alcançasse os famintos. Essa ação, até mais destrutiva da vida que aquelas de 1929-1932, foi acompanhada por um amplo ataque a todos os centros e líderes culturais e intelectuais ucranianos, e às igrejas ucranianas".[8] Anne Applebaum diz que no período de 1931 a 1934, 5 milhões de pessoas morreram de fome na União Soviética, sendo mais de 3,9 milhões de ucranianos entre eles. A catástrofe na Ucrânia é conhecida como "Holodomor, um termo derivado das palavras ucranianas para fome – *holod* – e extermínio – *mor*".[9]

Preclara Erika Kokay, não era "dor da fome" não, foi extermínio pela fome mesmo. E aqui alguém poderia alegar que a revolução comunista é algo diferente de outros extremismos (como o extremismo de direita) porque ela tem boas intenções; ao menos em seus ideais, seus planos almejam maior igualdade e liberdade para a humanidade; e que se uma determinada revolução não alcançou esse ideal, é porque não foi uma revolução de verdade.

Primeiro que isso é errado por princípio: não há nada de moralmente superior numa ideologia totalitária que promove o fim da liberdade, o apagamento da individualidade e a igualização autoritária como projeto de "utopia"; no meu catálogo de motivações não há nada de positivo nessas supostas "boas intenções".

E segundo que, ainda que fossem boas, o problema é que de boas intenções o inferno está cheio: como diz Martin Malia, na tragédia soviética verifica-se que "é preciso um grande ideal para produzir um grande crime";[10] e "o 'sonho nobre' inicial do socialismo apenas torna as coisas piores porque ele tem o efeito perverso de legitimar e assim amplificar a concentração coercitiva do poder (...). As boas intenções socialistas, ademais, ajudaram a tornar o totalitarismo soviético justamente o mais duradouro e o pior de todos do século XX".[11] E por fim, a tragédia do socialismo não se deu por um desvio ou traição dos seus ideais; ao contrário, a tragédia "foi o cumprimento da lógica perversa de uma utopia impossível. Porque ao longo de toda a jornada nunca existiu nenhuma 'terceira via' que levasse ao socialismo integral como não-capitalismo e *ainda assim* fosse democrática".[12] Aqui nem precisamos entrar na discussão sobre qual totalitarismo é pior, se o socialismo ou o nazifascismo; mas após toda a experiência do século XX, podemos concluir com segurança que não dá mais para esconder a natureza violenta e sanguinária do socialismo.[13]

Mas não há sangue que a nossa Câmara não possa esconder com pantomimas típicas de um centro acadêmico *new age* da terceira idade. Ao fim da solenidade, Chico Alencar disse que o evento seria encerrado "não com a Internacional [hino socialista], como seria desejável até, mas com uma outra canção belíssima que promove esse encontro do povo brasileiro com o povo de todas as repúblicas soviéticas e com essa experiência rica de sete décadas, que há de ser repetida com as características singulares de cada formação social, porque o que nós queremos é a revolução mundial". Depois de ler isso, a primeira coisa que precisamos fazer é ajustar o relógio mental, porque é difícil de o cérebro registrar que algo tão anacrônico assim pudesse ser dito em 2017; será que o saneamento básico finalmente fará parte da utopia revolucionária? Só nos resta torcer.

Em seguida, e efetivamente encerrando a solenidade, os alto-falantes da Câmara emitem a canção *O Amor* de Caetano Veloso, interpretada por Gal Costa.

Enquanto a música toca, a TV Câmara vai mostrando cenas do plenário, alguém dubla a canção, alguns trocando conversa, outros visivelmente entediados; se a ideia era relativizar a maldade do comunismo, sem dúvida aí está um caminho: sessão solene da Câmara ou detenção no gulag?

Olha, a pergunta é difícil mas ainda fico com a sessão solene, porque ao menos ali houve algo de realmente positivo: a música de Caetano tem um refrão que repete "ressuscita-me!", "ressuscita-me!", que era exatamente o que eu queria gritar enquanto assistia a essa transmissão da TV Câmara. Mas estou sendo injusto com Chico Alencar e sua sessão solene; a verdade é que em todas as outras transmissões da TV Câmara, e de todo canal governamental aliás, eu também sinto a necessidade de gritar "ressuscita-me!".

Mas por fim, e o que realmente vale aqui: todos devem ter a Liberdade de Expressão para defender suas ideias, mesmo essa ideia revolucionária que se provou sanguinária em todos os países em que foi testada. Chico Alencar e Erika Kokay podem contar comigo para defender o seu direito de expressar apoio a essa ideologia democida. Apenas entendo que, se esse tipo de "ataque" é tolerado, devem-se tolerar outros também; ter Governo da Lei significa, evidentemente, que a Lei vale igualmente para todos.

6

Muitos "defensores da democracia" creem que "ataques" (na verdade, críticas) à Democracia deslegitimam suas instituições e, assim, podem contribuir para a perda de confiança e posterior destruição das instituições. Mas e o efeito contrário? E o silenciamento, a derrubada de contas e canais nas redes sociais, a censura, a perseguição seletiva? Você acha que isso não contribui para deslegitimar a república?

Porque ao silenciar pessoas, o governo demonstra não valorizar a Liberdade, e isso habilita muitos a gritarem que "já não vivemos mais numa democracia", e outras asserções do tipo. Ao silenciar pessoas, o governo desmoraliza-se, mostra-se sem convicção na defesa da Liberdade, e assim contribui para a perda da legitimidade do próprio governo e da Democracia. A restrição à Liberdade de Expressão é muito pior (para a legitimidade do regime) do que qualquer "ataque"; a restrição sempre disseminará dúvidas, sempre espalhará pulgas atrás das orelhas, sempre nos sugerirá que, talvez, o regime não seja de fato o guardião da nossa Liberdade; que se hoje eles perseguem os piores (é sempre fácil começar pelos piores), amanhã eles poderão perseguir também os justos; e com isso tem-se a semente da incerteza que corrói a legitimidade da Democracia.

Como diz Aryeh Neier, os fanáticos e extremistas angariam seguidores "quando a sociedade que eles querem derrubar perde legitimidade".[14] E por entender esse mecanismo, esses extremistas buscam provocar o governo para que este reaja de forma também extrema, repressiva, e assim contribua para a perda da própria legitimidade.

O melhor jeito de destruir o fanatismo é mantendo a terra hostil às suas sementes; e a melhor maneira de fazer isso é mantendo a legitimidade do nosso regime democrático; e a melhor maneira de manter essa legitimidade não é silenciando os seus críticos, mesmo os mais extremistas, mas sim demonstrando que ela é a maior defensora da nossa Liberdade, ainda que, para isso, tenhamos de suportar determinadas ideias intolerantes. Se a Democracia se mantiver como a maior defensora da nossa Liberdade, ela sempre contará com a legitimidade necessária à sua preservação.[15]

A Liberdade de Expressão não derrota o extremismo diretamente, muito embora a livre-troca de ideias possa enfraquecer essas ideias por meio da argumentação contrária; a Liberdade de Expressão esteriliza o terreno do extremismo por manter a legitimidade geral da Democracia, a crença geral de que habitamos um país livre com instituições (minimamente) justas, e que por isso merecem a nossa confiança e a nossa máxima defesa (ou pelo menos merecem mais a nossa confiança e defesa que os regimes alternativos).

Essa é mais uma razão fundamental para protestarmos contra todo tipo de silenciamento, e para defendermos a Liberdade de Expressão mesmo dos nossos inimigos, mesmo das ideias mais odiosas: se essas ideias puderem circular, a Democracia ganha legitimidade por se provar um regime que preza pela nossa Liberdade, por se provar um regime em que todos, não importa a ideia que tenham, podem ter uma chance de participar do seu jogo retórico e assim persuadir os seus pares a pensarem como ele. (A chance de participar e de mudar os rumos traduz-se em esperança; a esperança nada mais é que o depósito de apoio moral que conferimos a instituições; e o total de depósitos é o tamanho da legitimidade das instituições.)

8. DEMOCRACIA E O GAMBITO DA LIBERDADE DE EXPRESSÃO

A intervenção na livre-expressão provoca o efeito inverso: invariavelmente ela será arbitrária, politizada, terá dois pesos duas medidas, e assim minará a legitimidade da Democracia. A intervenção compromete a expectativa que temos de que a Democracia deve ser aberta a todos, deve defender a nossa liberdade, e deve usar critérios justos e isonômicos no trato dos distintos grupos políticos que competem nos mecanismos de transição de poder.

A defesa da Democracia contra o discurso extremista é realizada, assim, por meio de um *gambito* da Liberdade de Expressão: sim, você pode falar o que quiser, toma aqui o direito inclusive de manifestar o seu ódio, porque assim eu renovo o compromisso social geral com este regime que é tão livre, mas tão livre, que o debate sobre o seu futuro é permanentemente aberto inclusive aos piores entre nós; e esse compromisso social renova a legitimidade de que nós precisamos para garantir que as suas ideias extremistas terão menos apoiadores que as ideias em favor da Liberdade e da Democracia. O gambito evita a ocorrência de uma série de arbitrariedades que poderiam colocar em risco a legitimidade da Democracia. (Gambito é o lance do xadrez em que o jogador sacrifica uma peça para que, mais adiante, ele obtenha um benefício maior. Ou seja, o sacrifício não é realmente um sacrifício, tratando-se apenas de uma falsa perda. O mesmo ocorre com o gambito da Liberdade de Expressão: parece que se perde algo ao se conferir Liberdade mesmo para o discurso extremista; mas trata-se apenas de uma perda aparente, haja vista os ganhos de legitimidade que se obtêm.)

Críticas ao regime funcionariam também como uma válvula de escape, como um mecanismo de distensão, impedindo que grupos insatisfeitos se tornassem ressentidos com um sistema que não lhes dá sequer a chance de se manifestar. (Podemos chamar essas justificativas, do gambito e da válvula de escape, de *razão da legitimidade democrática*).

Em seu *Future Tense* [*Tempo Futuro*], Jonathan Sacks diz que a "voz é essencial para a política em uma sociedade aberta. A lealdade depende da liberdade de expressão, da capacidade de as minorias poderem falar e terem as suas preocupações ouvidas com atenção, ainda que, ao final, elas sejam rejeitadas. A sociedade livre depende, em outras palavras, da *dignidade do dissenso*".[16]

Muitos acreditam que o dissenso e a argumentação sejam patologias da convivência, e que seriam reflexo de um problema fundamental de desunião que precisa ser resolvido. É com base nisso aliás, nessa prevenção emocional à discordância e à rivalidade, que muitos se assustam com a cacofonia da Democracia ou com a chamada "polarização"; ora, nosso país tem 200 milhões de habitantes; como não esperar a discordância, a rivalidade, a disputa em todas as áreas em debate?

A única maneira de se evitar a "polarização" seria a conformidade coagida, o que evidentemente configuraria intervenção autoritária. Mas a existência da "polarização" não significa a impossibilidade de convivência, a ruptura da sociedade, a dissolução dos nossos laços; significa apenas que temos de rever os critérios daquilo que entendemos como "tolerância" em uma sociedade plural como a brasileira. Salvo determinados limites que mencionamos, é preciso entender que a livre-manifestação da opinião é essencial para a coesão social; ao reclamarmos da "polarização", nós estamos alegando a nossa própria torpeza: nós estamos dizendo que não conseguimos tolerar uma sociedade com tanto dissenso. Mas sendo o dissenso fundamental para a própria democracia, é preciso rever essa posição, curando essa alergia à "polarização" para passar a vê-la como traço natural de uma sociedade livre e democrática.

7

Mas não se surpreendam se do mesmo reino da hipervigilância com o discurso alheio provenha, com a mesma intensidade, um imenso déficit de atenção quanto ao que realmente importa; aliás não é isso a política brasileira, uma estrutura monumental e opulenta cercada de desatenção por todos os lados? Enquanto uma Brasília de mandarins dedica-se obsessivamente ao patrulhamento do discurso meramente crítico, temos em paralelo a violência política correndo solto, um problema enorme que realmente, esse sim, configura um concreto e indiscutível ataque às instituições. Segundo matéria da *Folha de S. Paulo*, nas eleições de 2016 (junho a setembro), 45 políticos sofreram atentados, dos quais 28 acabaram morrendo.[17] Em outro levantamento, em cerca de três anos (2018-2020) 164 políticos foram assassinados no Brasil.[18]

Como elegermos representantes, promovermos ideias e cobrarmos a prestação de contas do governo quando mandatários e candidatos são assassinados? Nesses locais onde ocorre violência política, quem realmente terá coragem para dizer o que pensa, cobrar os poderosos e lutar pela mudança daquilo que julga em erro? Esse é um dos

8. DEMOCRACIA E O GAMBITO DA LIBERDADE DE EXPRESSÃO

problemas fundamentais da nossa Democracia, não apenas porque limita o voto, mas porque afeta diretamente a nossa Liberdade: a expansão de territórios sem lei, sem ordem, onde impera a força bruta e injusta do arbítrio da marginalidade. Precisamos lembrar ao leitor das dezenas de milhares de homicídios por ano? Dos imensos territórios urbanos onde a Lei tem medo de entrar? Onde está a preocupação com isso? Cadê os bacharéis para combater esse ataque à ordem e às instituições? Onde estão as forças-tarefas, as colunas dos preocupadões, a grandiloquência moral dos pontificadores? Matar vereador não se encaixa na nobre categoria vernacular do "ataque à democracia"? Ou o virtual vale mais que a vereança, e a *live* mais do que a vida?

Esse déficit de atenção não se pode atribuir a mera dislexia, porque atenção não falta; ela é só mal distribuída mesmo. O problema é o que todos já vimos e lemos, em obras como *O Espelho* de Machado de Assis, *O Patriarca e o Bacharel* de Luís Martins, ou *Descentralização e Liberdade* de Hélio Beltrão; é o fetiche da forma, o culto à aparência, a afetação do lirismo piegas, a vaidade autocomplacente do idealismo calculado, que levam ao preconceito contra tudo aquilo que é real, concreto, braçal e que por isso provoca asco no mandarim: está pensando que eu carrego pedra? Que eu planto, colho ou ensaco? Eu dou é as ideias, eu faço é as leis para você seguir enquanto você (e não eu) se engaja com o plano material. Estão matando políticos? Que é ruim é, mas resolver é arriscado e envolve engajar-se com o plano das coisas; melhor é eu só censurar um jornalista ou um *youtuber* mesmo, isso sim salvará a Democracia.

O controle da expressão atua no campo das ideias, da linguagem, da comunicação; ou seja, no campo do que ainda está sendo pensado ou planejado. Mas conter a violência e manter a ordem, isso alcança o campo das ações, do comportamento, da realidade extraconsciência onde as coisas acontecem de fato. Uma envolve intervenção no mundo das ideias; a outra, intervenção no mundo bruto e físico dos fatos. O mandarim é prisioneiro do campo das ideias, mas prisioneiro por opção; ele é um cultor da forma, e jamais vai descer para lidar com a brutalidade e a sujeira das ruas.

Não vou à manifestação, mas posso ajudar com dinheiro? Carregar sopão não, mas posso ser voluntário no *board* da sua ONG? O mandarim só pensa nas ruas se ele puder ajudar dando ideias; a execução é com a plebe.[19] Se tem uma coisa que fascina o burocrata é pensar-se como o Verbo, como um demiurgo que transforma a realidade pela força da palavra. O burocrata crê no animismo legal, na intencionalidade autônoma do pedaço de papel, que se dotado de uma boa descrição da sociedade perfeita somente nos poderá levar, evidentemente, à geração espontânea da sociedade perfeita. Como diz Hélio Beltrão, "o pior equívoco que um homem de governo pode cometer é confundir a aprovação de um plano com sua efetiva realização".[20] Não é à toa que a nossa Constituição é um varal de cortiço sobrelotado, um dos maiores textos constitucionais do mundo, em que se buscou pendurar tudo quanto é tipo de direito e benefício na crença mística de que escrever algo em papel possa garantir a sua materialização posterior. A lei precisa ser extensa, completa e detalhada, vinculando a todos no maior número de artigos, porque é aqui que o mandarim acredita estar o segredo, o DNA, o código-fonte, a partitura da realidade; a execução e a fiscalização, esses atos pedestres que envolvem a realidade material, isso não é com a gente; eu componho a poesia do mundo, e Deus é no máximo o eu-lírico (por Deus, evidentemente, quero dizer o ateísmo militante); e você trate de correr atrás para executar o roteiro.

Sobre o espírito messiânico do bacharel falarei mais à frente; por ora registro apenas um outro espírito, essa aparição que invade e possui o corpo do mandarim, e contra o qual não há exorcismo possível: o espírito da psicose semiótica, a doença ocupacional que o leva a acreditar mais na forma do que no conteúdo, mais em declarações do que em atos, mais na linguagem do que no próprio mundo; nosso amigo morreu, mas você viu a elegia que lhe dediquei? No Brasil o ao vivo vale mais que o vivo.

O mandarim não tem corpo físico para circular pelo mundo da ação, do empreendimento, da execução; o seu mundo é o mundo das ideias, o mundo da linguagem, onde tanto as honrarias quanto os insultos são levados demasiado a sério; no mundo da linguagem, palavra é faca, é bigorna, é contato. E é assim que a psicose semiótica contribuiu para o pânico moral que leva o bacharel à obsessão com a linguagem, a perscrutação de tudo o que é dito, ao mesmo tempo em que se dessensibiliza quanto aos problemas e perigos reais da realidade física em que nós habitamos.

8

A visão de Democracia que apresento aqui contrasta com a versão mais popular entre os escolarizados brasileiros, que tendem a crer na Democracia deliberativa,

8. DEMOCRACIA E O GAMBITO DA LIBERDADE DE EXPRESSÃO

na Democracia como um sistema para tomada de decisões coletivas que se justifica porque promove deliberações rumo a um "país melhor" (o que quer que isso seja). Ao colocar a qualidade das deliberações como aspecto central da Democracia, essa visão acaba-se tornando um idealismo, sendo levada a julgar a própria Democracia a partir dos seus resultados em termos de leis e programas governamentais. O problema dessa visão é que, quando essas leis e programas são julgados insatisfatórios, quando os resultados da democracia (como as eleições) desagradam, muitos escolarizados são levados a acreditar que o regime está em crise.

Na visão que apresento aqui, a Democracia justifica-se por ser um sistema adversarial que garante a Liberdade e o Governo da Lei, promovendo a transição pacífica de poder e dificultando a sua concentração; caso se elejam pessoas competentes, caso se aprovem boas leis e programas governamentais rumo ao "país melhor", melhor ainda, mas não é daí que advém o cerne da sua legitimidade. O que queremos sobretudo não é um país onde de dois em dois anos possamos votar; isso é só um meio. O que queremos mesmo é o "país livre", o país onde o indivíduo pode dizer o que quiser, buscar a felicidade da forma que definir para si, e associar-se social e economicamente com os demais indivíduos da maneira que julgar adequada. É o país livre que Robert Conquest descreve, como mencionei no início deste capítulo.

Em seu livro *The Next American Civil War*, Lee Harris apresenta um argumento semelhante ao de Robert Conquest, mas desta vez falando dos Estados Unidos. Ele diz que muitos americanos são naturalmente liberais, e adotam uma atitude de "viva e deixe viver", sentindo repulsa em relação a qualquer intromissão em suas vidas particulares.[21] E em seu artigo "Freedom of Speech in War Time", Zechariah Chafee Jr. afirma que a liberdade de imprensa tinha um sentido popular preciso de "discussão irrestrita de assuntos públicos", e que não há dúvida de que esse era o sentido da Liberdade de Expressão para os constituintes norte-americanos.[22]

Eu não acredito que essa noção de Liberdade seja estranha ao Brasil; talvez não com a mesma intensidade, mas vale tanto para o *pub* inglês como para o boteco brasileiro. Quando morava em Brasília, eu e alguns amigos do Itamaraty íamos quase toda quinta-feira a um boteco na Asa Norte para debater política, filosofia e eventos recentes do Brasil e do mundo. Certa vez tivemos a nossa atenção capturada pela mesa ao lado: alguns desconhecidos colegas de bar mantinham um excelente debate sobre as vantagens e as desvantagens de sistemas ditatoriais. Passados alguns minutos, um deles – inconformado com a reticência dos seus amigos, e certo de que o seu argumento encerraria a discussão – ajeitou o corpo, ergueu o braço e (numa dramatização certamente auxiliada pelo álcool) disse: "Um país onde você não pode dizer o que pensa não presta!"

E nem Mill, Brandeis, Holmes, Rauch, Popper ou outros grandes defensores da Liberdade de Expressão resumiram a sua importância para a Democracia de maneira tão eloquente: um país em que não é permitido pensar e debater livremente não é um país decente; essa é a essência da Liberdade, o aspecto fundamental de um país livre.

9

Esse debate sobre Democracia e Liberdade introduz uma outra justificativa para a Liberdade de Expressão, de natureza deontológica (relativa a princípios), que se refere à *razão da ética participativa*: se a democracia é um regime cuja legitimidade se encontra na soberania do povo, todo membro do povo tem o direito de opinar sobre como ela deve funcionar. Se uma deliberação afeta a minha vida – seja uma deliberação do meu condomínio, seja do meu clube ou país –, eu devo necessariamente ter o direito, por princípio, de participar dessa deliberação. Quem sofre as consequências de uma ação tem sempre o direito de se pronunciar livremente, sem restrições, sobre essa mesma ação.

Como diz Ronald Dworkin, "a liberdade de expressão é uma condição do governo legítimo. Leis e políticas públicas não são legítimas a menos que tenham sido adotadas por meio de um processo democrático, e um processo não é democrático se o governo impediu qualquer pessoa de expressar suas convicções sobre como essas leis e políticas públicas deveriam ser".[23] E como diz Aryeh Neier, "o governo não pode alegar que tem o consentimento dos governados se ele impõe restrições ao que pode ser dito. Somente uma sociedade que permite às pessoas falar pode impor, com justiça, as decisões da maioria. A regra da maioria não pode contar com a lealdade da minoria a não ser que a minoria tenha a sua chance de influenciar outros e, assim, de tornar-se a maioria".[24]

9. Mídias: tecnologias da liberdade, esperneios da vanguarda

1

Em "A reforma pela internet", um conhecido escritor brasileiro – sobre o qual falarei mais à frente – disse o seguinte:

> Houve uma coisa que fez tremer as aristocracias, mais do que os movimentos populares; foi a internet. Devia ser curioso vê-las quando um século despertou ao clarão deste fiat humano; era a cúpula de seu edifício que se desmoronava. (...)
>
> Ora pois, a palavra, esse dom divino que fez do homem simples matéria organizada, um ente superior na criação, a palavra foi sempre uma reforma. Falada na tribuna é prodigiosa, é criadora, mas é o monólogo; escrita no livro, é ainda criadora, é ainda prodigiosa, mas é ainda o monólogo; esculpida na internet, é prodigiosa e criadora, mas não é o monólogo, é a discussão (...)
>
> E o que é a discussão?
>
> A sentença de morte de todo o *status quo*, de todos os falsos princípios dominantes. Desde que uma coisa é trazida à discussão, não tem legitimidade evidente, e nesse caso o choque da argumentação é uma probabilidade de queda.

UM PEQUENO TRATADO SOBRE A LIBERDADE DE EXPRESSÃO

Ora, a discussão, que é a feição mais especial, o cunho mais vivo da internet, é o que não convém exatamente à organização desigual e sinuosa da sociedade.

Examinemos.

A primeira propriedade da internet é a reprodução amiudada, é o derramamento fácil em todos os membros do corpo social. Assim, o operário que se retira ao lar, fatigado pelo labor quotidiano, vai lá encontrar ao lado do pão do corpo, aquele pão do espírito, hóstia social da comunhão pública. A propaganda assim é fácil; a discussão da internet reproduz-se também naquele espírito rude, com a diferença que vai lá achar o terreno preparado. A alma torturada da individualidade ínfima recebe, aceita, absorve sem labor, sem obstáculo aquelas impressões, aquela argumentação de princípios, aquela arguição de fatos. Depois uma reflexão, depois um braço que se ergue, um palácio que se invade, um sistema que cai, um princípio que se levanta, uma reforma que se coroa. (...)

Será ou não o escolho [rochedo, recife; obstáculo, ameaça] das aristocracias modernas, este novo molde do pensamento e do verbo?

O texto acima é de Machado de Assis, e foi escrito em 1859;[1] a única edição que fiz no texto foi substituir "o jornal" por "a internet". Vê-se que o texto é atualíssimo, e descreve bem o desconforto que uma nova mídia provoca nas aristocracias, as rupturas que causa nas relações de poder. A perspicácia do texto deve-se à genialidade de Machado de Assis, claro, que inclusive antecipa diversos argumentos de teóricos da mídia do século XX, como Marshall McLuhan, Joshua Meyrowitz e outros. Mas o texto é ainda mais perspicaz que isso; ele encontra-se à frente inclusive da atual vanguarda dos escolarizados, que insiste em atribuir dimensões vis e apocalípticas a qualquer coisa que perturbe a sua confortável posição de mandarim da política e de pontificador da moral.

2

No livro *O Maravilhoso Mágico de Oz*, de Frank Baum, há uma cena em que Dorothy, o Espantalho, o Homem de Lata e o Leão encontram-se com o Mágico de Oz para cobrar as promessas que ele lhes havia feito. Como ele estava meio evasivo quanto ao cumprimento de suas promessas, o Leão rugiu para o assustar e, com isso, assustou o cachorro Totó, que acabou derrubando um biombo. A derrubada do biombo descortina um sujeito fraco e inofensivo, um sujeito medíocre que ali de seu esconderijo fingia ser o grandioso Mágico de Oz. Quando eles o questionam, Dorothy se exalta, acaba falando alto, e então o "mágico" lhe responde: "Silêncio, minha querida." "Não fale tão alto, ou alguém acabará ouvindo – e eu estarei arruinado. As pessoas acreditam que eu sou um Grande Mágico".[2]

Toda nova mídia altera a topologia da comunicação; altera os centros e as ligações capilares do ecossistema de informação provocando mudanças na maneira como a informação é produzida, disseminada e consumida.[3] Essa nova topologia abre espaço para novos agentes com novas ideias, o que por sua vez provoca desconforto nas estruturas de poder, porque a autoridade depende (ou pensa que depende) do controle da informação para manter a sua legitimidade. É natural ainda que o dissidente, o herege, o heterodoxo busque a nova mídia, porque ela inicialmente está fora do mapa (e do controle) da ortodoxia e assim tolera um grau maior de Liberdade de Expressão; e é na nova mídia, ainda, que estarão as pessoas que buscam informações alternativas à narrativa dominante. Essa identificação de uma nova mídia com o herético é mais um motivo para o desconforto das autoridades com o seu surgimento e as mudanças que provoca na topologia da comunicação.

Nem um rei absoluto consegue manter o seu reinado apenas pela força bruta; mesmo que ele mande matar todos os seus adversários, quem executa? Ele sozinho não poderá controlar pela força bruta nem a sua corte, que dirá toda a população. A estrutura de poder demanda algum tipo de aquiescência, um tipo de mito ou crença geral na ideia de que aquela autoridade merece ser mantida; o poder precisa do que se chama de *legitimidade*, que se refere a um certo sentimento geral de que o poder é digno e, por isso, deve contar com a nossa aceitação (ou pelo menos com a nossa não-revolta).

Para que esse sentimento seja produzido na consciência de alguém, é preciso que se forneçam explicações e justificativas que fomentem nas pessoas essa sensação de dignidade do poder, seja dizendo que o rei é um enviado de Deus, seja

UM PEQUENO TRATADO SOBRE A LIBERDADE DE EXPRESSÃO

dizendo que a Democracia é o primado da vontade popular; toda estrutura social mais ou menos complexa precisa de mitos e narrativas para sobreviver. (Aliás nem precisa ser complexa não; hoje em dia até boteco pé-sujo tem declaração de "Nossa visão" e "Nossos valores", para se ver a importância da justificação simbólica como elemento de coesão e mobilização social – no caso, para a mobilização dos funcionários do boteco).

Como esse processo de legitimação precisa ser feito por meio de comunicação,[4] vê-se que ele é sensível a qualquer mudança na topologia da comunicação; qualquer mudança no ecossistema de informação pode significar ideias novas circulando de forma nova, e isso traz riscos (e pânico) para aqueles em posição de autoridade; se um movimento liberal começa a ganhar senso de dignidade, evidentemente que o déspota começará a coçar o pescoço; se uma monarquia perde a força simbólica para produzir reverência, abre-se caminho para um golpe republicano.

Então veja-se que o desconforto, o desespero não é infundado: a vanguarda tem motivo para se desesperar com uma nova mídia, porque ela realmente derruba biombos, ela realmente provoca distúrbios no ecossistema de que a sua legitimidade depende; até aí, tudo bem: o pânico que verificamos na vanguarda brasileira atual, a sua total histeria com as novas comunicações, os seus pedidos por redução da Liberdade de Expressão (com regulação de "*fake news*", "discurso de ódio" e demais pretextos), está tudo em linha com a ruptura provocada pela nova mídia; é uma posição injusta, autoritária e imoral, evidentemente, mas está em linha com o esperado. Ela só não pode alegar – e nós só não podemos acreditar – que o seu desconforto deriva de um senso superior magnânimo de defesa da Democracia: ela só está preocupada é com o próprio pescoço, com o próprio poder, com o próprio status mesmo. Ela está histérica com a perda da reverência automática com que contava, com o questionamento ao que julgava inquestionável, e atribui essa histeria à história bonita de que tem uma sensibilidade superior que lhe permite detectar ameaças à Democracia.

Se observarmos hoje os escolarizados urbanos, a vanguarda, os bolchehipsters e demais trabalhadores da informação – na burocracia pública, nas empresas, nas redações dos jornais, nas universidades e nos escritórios –, veremos um certo estado emocional hiperalerta, um pânico, um desespero, uma insegurança com uma sociedade que eles não mais reconhecem: de onde saíram essas pessoas que nos questionam? De onde tiram essas ideias? E por que não se curvam às nossas narrativas hegemônicas como antes elas faziam?

9. MÍDIAS: TECNOLOGIAS DA LIBERDADE, ESPERNEIOS DA VANGUARDA

A vanguarda sente-se desconfortável com a cacofonia, a pluralidade de vozes, as ideias que ela nem sabia que existiam ou que poderiam ser expressadas, e assim projeta esse desconforto na sociedade; a vanguarda sente-se mal e pensa que, por isso, a sociedade e a Democracia também andam mal.

3

Uma nova tecnologia de comunicação acaba de ser inventada. Ela permite que pessoas tenham contato direto com novas ideias, dependendo menos da intermediação de instituições; e permite ainda viralizar mensagens para o mundo inteiro, em velocidade jamais alcançada. Isso abriu espaço para boas ideias, claro, mas também fez emergir tudo quanto é tipo de "heresia", "ódio", "blasfêmia" e "heterodoxia", com gente disseminando *fake news* e promovendo "ataques" às instituições e "negacionismo" do conhecimento estabelecido. A nova mídia contribuiu para "polarizar" a sociedade também, dividindo pessoas que antes se viam unidas. Autoridades inicialmente adoram a tecnologia, pois a veem como possibilidade de extensão das próprias ideias e, assim, do próprio poder. Quando percebem que perderam espaço, no entanto, passam a dizer que estão preocupadas com as instituições (ou talvez apenas com o próprio pescoço), falam que adoram a nova tecnologia, mas que agora é preciso "reduzir seus abusos".

De qual invenção estou falando: a do Gutenberg ou a do Zuckerberg?

4

A prensa móvel inventada por Johann Gutenberg – que na verdade foi resultado de uma série de adaptações de invenções anteriores – começou a sua produção por volta de 1450 e provocou distúrbios severos no ecossistema de informação e, assim, nas estruturas de poder das nações europeias. Em seu *The Printing Revolution in Early Modern Europe*, Elizabeth Eisenstein explica como a invenção da prensa móvel no século XV acelerou a produção de livros e outros materiais tipográficos e, assim, promoveu mudanças drásticas em diversos aspectos da sociedade europeia, contribuindo em especial para minar a autoridade da Igreja Católica. Segundo Eisenstein, antes da Reforma Protestante iniciada por Martinho Lutero houve diversos movimentos de questionamento à Igreja, e diversos episódios de antagonismos entre o papa e as autoridades seculares; mas uma coisa é o dissenso verbal, ou comunicado pela cópia lenta dos escribas; outra coisa é a publicação via prensa móvel, que permite a rápida disseminação de ideias.[5]

A prensa permitiu a produção de Bíblias para que as pessoas pudessem ler os textos sagrados por si próprias, como insistia Lutero; e o protestantismo fez uso consciente da nova mídia para a promoção de suas teses. Segundo Eisenstein, o protestantismo foi "o primeiro movimento de qualquer tipo, religioso ou secular, a usar as novas prensas para propaganda e agitação aberta contra uma instituição estabelecida. Por meio de panfletagem direcionada a despertar apoio popular e destinada a leitores não-versados em latim, os reformadores involuntariamente foram pioneiros como revolucionários e agitadores da massa".[6]

A prensa móvel foi fundamental, assim, para a ocorrência da Reforma Protestante. Segundo Carlos Eire, "antes de Gutenberg, a informação fluía muito devagar, e todo o conhecimento tinha de ser dolorosamente preservado e transmitido por escribas por meio de documentos escritos à mão. Depois de Gutenberg, o mundo ocidental transformou-se. Transmitir conhecimento e informação tornou-se mais fácil, rápido e barato. Graças à prensa móvel, um monge da Saxônia que gosta de discutir poderia ganhar uma audiência internacional do dia para a noite e mudar o mundo. Sem prensa móvel, sem Reformas".[7] Norman Davies aponta diversos efeitos provocados pelo protestantismo, como educação e alfabetização, cultura de empreendedorismo, e disputas políticas entre estados e entre grupos rivais dentro de um mesmo estado; mas segundo ele, acima de tudo, o protestantismo acabou com "o ideal de uma cristandade unida".[8]

Mais à frente, uma série de conflitos religiosos ocorreriam dentro da cristandade. Davies afirma que "paixões e ódios antes reservados para as campanhas contra o Islã agora incendiavam os conflitos entre cristãos" e que "temores protestantes da dominação católica" apareceram nas Guerras da Liga de Schmalkaldic na Alemanha (1531-48), Guerras Religiosas Francesas (1562-98), Guerra Civil Sueca

9. MÍDIAS: TECNOLOGIAS DA LIBERDADE, ESPERNEIOS DA VANGUARDA

(1598-1604), Guerra dos Trinta Anos (1618-1648).[9] Eisenstein chega a dizer que "a invenção de Gutenberg provavelmente contribuiu mais para destruir a concórdia cristã e inflamar guerra religiosa que qualquer uma das chamadas artes da guerra".[10] Independentemente da magnitude do efeito que se possa atribuir à prensa móvel, não é exagero reconhecer que ela introduziu alguma volatilidade na sociedade e na política europeia da época.

Evidentemente que a nova tecnologia, ao alterar o ecossistema de informação, provocou reações de todo tipo, algumas muito parecidas com as reações atuais às redes sociais. Em obra sobre a influência da escrita e da prensa entre os anos 1300 e 1700, por exemplo, Julia Crick e Alexandra Walsham afirmam que "a impressão não garantia necessariamente o 'crédito' da informação ou da notícia: na verdade ela era com frequência acusada de disseminar ficções e falsidades".[11] Fato curioso que Eisenstein cita é que, até o início da Reforma Protestante (cerca de 1517), a Igreja fazia uso da prensa móvel e a entendia como ferramenta importante para a sua missão de promover os textos sagrados. Mesmo quando determinava a proibição de alguma publicação, a Igreja o fazia enquanto ressaltava o valor da nova mídia em geral, deixando claro que as proibições visavam apenas a "reduzir os seus abusos".[12] Depois da Reforma Protestante, a Igreja manteve o uso da prensa móvel para disseminação de seu cânone, mas ao mesmo tempo buscou impedir as transformações estruturais que a nova tecnologia provocava. Por exemplo, veja-se a insistência da Igreja em manter o uso da Bíblia em latim, em contraposição à Bíblia em vernáculo e à Bíblia em grego e hebraico. Segundo Eisenstein, isso se deu porque essas versões da Bíblia representavam ameaça dupla à autoridade do clero medieval: de um lado havia um público leigo que agora conhecia as escrituras tão bem quanto a maior parte dos párocos; e de outro havia uma elite de estudiosos que se tornaram mais eruditos que os homens da Igreja.[13]

A reação da Igreja também resultou no *Index Librorum Prohibitorum*, a lista de livros proibidos, a qual não se mostrou muito efetiva pois os livros poderiam ser impressos em regiões fora do controle de Roma e, ainda, porque o *Index* "fornecia publicidade livre para os títulos listados".[14] Em seu *Dangerous Ideas: A Brief History of Censorship in the West, from the Ancients to Fake News*, Eric Berkowitz diz que "redes clandestinas elaboradas se materializaram para satisfazer a demanda por livros banidos, os quais tendiam a se tornar mais populares porque eram proibidos".[15] Isso acabou direcionando muitos editores à publicação do heterodoxo e do libertino; segundo Eisenstein, "a indústria da prensa foi a principal aliada natural dos filósofos libertários, heterodoxos e ecumênicos. Ansioso para expandir mercados e diversificar a produção, o editor empreendedor era o inimigo natural das mentes estreitas".[16]

Menciono aqui o caso da Reforma Protestante e as reações da Igreja por conta da magnitude dos eventos; mas é preciso entender que o *Index* e outras tentativas de censura estavam em linha com o que muitas autoridades, seculares e religiosas, pensavam à época (e aliás pensam até hoje). Como bem lembra Norman Davies, censores estavam trabalhando "em todos os países da Europa até a segunda metade do século XX. Muitos daqueles vociferantes em condenar o Index Papal falham em ver a contradição quando eles próprios buscam suprimir livros".[17] E podemos adicionar: muitos dos que atualmente trabalham para reduzir a nossa Liberdade de Expressão, muitos dos que vociferam contra o "ódio", as *fake news* e os "ataques à democracia" também se pensam cheios de razão, também se creem líderes da missão civilizatória de defender as ideias "corretas" e proibir aquelas "corruptas" – falhando assim em perceber que são os congêneres contemporâneos dos censores e dos reacionários do passado.

5

Se a prensa móvel causou essas reações, se o jornal permitia a "discussão" e fez "tremer as aristocracias" como disse Machado de Assis, imagine a internet e as redes sociais. Tomando por base essa perspectiva histórica pedagógica, fica difícil acreditar que as atuais aristocracias estejam mesmo preocupadas com a Democracia e não apenas buscando preservar os seus espaços de poder. A "defesa das instituições" é, na verdade, a defesa do meu status (o qual é conferido pelas instituições), que eu preciso descrever como "defesa das instituições" – do contrário, o meu autointeresse ficaria óbvio demais: a defesa de interesses pessoais da vanguarda sempre virá fantasiada de uma grande narrativa ecumênica. Mas esse argumento é uma afirmação forte, evidentemente, e assim demanda maior explicação.

Em seu *Understanding Media: The Extensions of Man* [*Os Meios de Comunicação como Extensões do Homem*], Marshall McLuhan faz a sua conhecida

9. MÍDIAS: TECNOLOGIAS DA LIBERDADE, ESPERNEIOS DA VANGUARDA

asserção de que "o meio é a mensagem".[18] Toda vez que uma nova mídia surge, muitas pessoas pensam que as transformações que ela provoca devem-se exclusivamente às mensagens, ou seja, aos conteúdos veiculados nessas mídias; a invenção da televisão impactaria a sociedade, assim, por causa da mensagem que ela veicula, ou seja, por causa do seu conteúdo programático: programas contendo violência impactariam a sociedade de uma determinada maneira, enquanto programas contendo nudez impactariam de uma outra forma, e assim por diante. McLuhan não nega que isso aconteça; mas o que a sua asserção provocativa diz é que, para além do conteúdo programático, as características intrínsecas do meio provocam transformações muito mais fundamentais que qualquer conteúdo ou mensagem veiculada.

Por exemplo, a invenção da mídia escrita forçou-nos a expor argumentos de acordo com as características intrínsecas da escrita, ou seja, de uma maneira linear, sequencial, contínua. Isso modificou aquilo que julgamos um argumento bem exposto, um argumento "racional", que passa a ser confundido com essa estrutura linear da escrita; sabe redação de vestibular, que tem aquele molde certinho contendo introdução, desenvolvimento de argumentos, e conclusão? Hoje nós julgamos essa organização sequencial como se fosse algo puramente natural e "racional", independentemente de qualquer impacto provocado pela mídia escrita. A mera utilização da escrita, independentemente do conteúdo, altera de tal forma a nossa percepção que hoje nós temos dificuldade de imaginar o que seria uma argumentação racional que não percorresse a estrutura linear e sequencial associada à escrita.

McLuhan foi um filósofo provocador e extremamente original, mas o seu texto nem sempre é tão claro, e ele não esclarece em termos concretos, por exemplo, qual é o mecanismo por meio do qual uma nova mídia altera a nossa percepção da realidade; por exemplo, de que maneira, especificamente, a utilização da escrita altera a nossa percepção sobre o que é uma apresentação racional de um argumento? McLuhan não oferece muitas respostas específicas; suas ideias parecem planar no místico e na abstração, referindo-se a alterações na "percepção" e na "proporção dos sentidos utilizados" (por exemplo, o fato de que com a televisão nós passamos a utilizar mais a visão em detrimento de outros sentidos), mas sem conectar concretamente essas alterações a outras transformações mais amplas ocorridas na realidade.[19]

Em seu *No Sense of Place: the Impact of Electronic Media on Social Behavior*, Joshua Meyrowitz estuda o impacto das mídias eletrônicas (como a televisão

– o livro é de 1985), buscando eliminar os aspectos mais abstratos das teorias de McLuhan e as analisar com os pés no chão. Ele afirma que "o mecanismo pelo qual a mídia eletrônica afeta o comportamento social não é um equilíbrio sensorial místico, mas um rearranjo, bastante discernível, dos palcos sociais nos quais desempenhamos nossos papéis e uma mudança resultante no nosso senso de 'comportamento apropriado'".[20] Essa abordagem permite entender a ação transformadora de uma nova mídia de maneira concreta, por meio das mudanças que provoca nos papéis sociais dos distintos grupos sociais.

Meyrowitz diz que "muitas das diferenças tradicionalmente percebidas entre pessoas de 'grupos' sociais diferentes, palcos de socialização diferentes, e níveis de autoridade diferentes eram apoiadas pela divisão de pessoas em mundos de experiências diferentes". Cada grupo social tinha as suas circunstâncias de vida específicas, que eram diferentes e separadas dos mundos de experiências dos demais grupos sociais. Os grupos interagiam e tinham circunstâncias comuns, evidentemente, mas os seus papéis eram muito mais complementares que recíprocos.[21] Essa diferenciação era apoiada inclusive pela localidade, pela distância física mesmo, pois dependendo de onde alguém morava, o seu acesso a informação era mais ou menos limitado. E nesse ponto podemos entender o impacto da mídia: "Ao trazer muitos tipos diferentes de pessoas para o mesmo 'lugar', a mídia eletrônica promoveu uma confusão de muitos papéis sociais previamente distintos. A mídia eletrônica afeta-nos, assim, não principalmente pelo seu conteúdo, mas por mudar a 'geografia situacional' da vida social."

Em seguida Meyrowitz traz uma analogia esclarecedora, que nos remete à derrubada do biombo do Mágico de Oz. Imagine que de repente diversas paredes – das escolas, das casas, dos escritórios – simplesmente desaparecessem e assim pudéssemos observar uma série de comportamentos privados: o chefe dormindo no sofá da casa dele, os filhos de um político poderoso gritando com ele, e assim por diante. Nesse mundo devassado, muitos dos nossos comportamentos teriam de ser modificados, evidentemente. E "nós teríamos problemas para projetar uma definição bem diferente de nós mesmos para pessoas diferentes quando tantas outras informações sobre nós estiverem disponíveis para cada uma das nossas audiências". Seria impossível regularmos os nossos distintos papéis sociais, apresentando-nos de maneira distinta em cada situação social; na realidade, "nós seríamos forçados a dizer e fazer coisas na frente dos outros que antes eram consideradas impróprias ou rudes". Isso não alteraria todo e qualquer comportamento, evidentemente, mas nos

9. MÍDIAS: TECNOLOGIAS DA LIBERDADE, ESPERNEIOS DA VANGUARDA

forçaria a encontrar uma nova síntese, um novo padrão de comportamento – como Meyrowitz diz, uma "nova ordem social". Veja-se como o debate atual sobre a falta de "liturgia" e "decoro" assemelha-se a essa discussão; os que clamam por liturgia parecem saudosos de um papel social que é incompatível com a horizontalização radical das relações promovida pelas redes sociais. A vanguarda de escolarizados urbanos quer continuar projetando uma identidade especial – que a distinga e que assim legitime a sua posição autointeressada de condução da sociedade – em uma era em que ela não domina mais o ecossistema de informação, em uma era em que ela não detém mais o controle daquilo que é projetado.

Esse tipo de confusão de papéis sociais pode ser sentido quase diariamente por todos nós. Vejamos um exemplo: antigamente podíamos debater política com amigos no bar e, no trabalho, agir profissionalmente sem que ninguém tomasse conhecimento dos nossos posicionamentos políticos. Hoje isso é quase impossível; a menos que alguém se abstenha completamente de participar do debate, é dificílimo manter a nossa persona profissional separada das nossas outras identidades.

Vejamos um outro exemplo, um pouco mais sutil: imagine que você e sua família estejam de viagem de férias, e você esteja publicando em suas redes sociais fotos felizes diariamente. E imagine que, nesse mesmo período, o filho de um grande amigo seu venha a falecer. O que você faz? Como conciliar esses dois cenários? No passado, não haveria dificuldade alguma: você ligaria e transmitiria o pesar ao seu amigo como um *amigo*, e você continuaria curtindo as suas férias como *pai*; eram papéis diferentes, bem compartimentalizados, e as suas demonstrações de felicidade nas férias não alcançariam o seu amigo (o que seria bom pois, como se sabe, não é de bom-tom emanar felicidade na presença de enlutados). Mas e agora, com as redes sociais? E agora que todos estamos "presentes" o tempo todo, e presentes com todos os nossos papéis sociais, todos ao mesmo tempo? Deixo de publicar fotos das minhas férias em respeito ao meu amigo, ou as publico e corro o risco de o entristecer? São transformações provocadas pela mídia eletrônica, e que não têm qualquer relação com o conteúdo específico veiculado; é a sua própria estrutura que nos traz a um mundo até então inexistente.

Essas alterações no ecossistema de informação afetam a estrutura de autoridade, de poder, de hierarquia. Como vimos anteriormente, o poder precisa de legitimidade, e esta demanda algum controle da informação, algum controle de como o poder é percebido, de como a excepcionalidade dos poderosos é projetada, para que a percepção geral de sua dignidade e confiabilidade possa ser mantida.

Só que isso demanda não apenas o controle daquilo que é efetivamente comunicado, como também o controle daquilo que se deve evitar comunicar. Para a manutenção da aura mítica da autoridade, é fundamental que elas escondam os seus comportamentos de bastidores, escondam-se atrás dos seus biombos; o que ocorreria se o seu médico começasse a pesquisar os seus sintomas na internet, na sua frente? O que você pensaria se numa reunião de pauta você ouvisse jornalistas criticando o trabalho ruim de um outro jornalista, e duvidando da qualidade das notícias que eles próprios anunciarão? A nossa confiança em médicos e jornalistas (e em qualquer outra profissão) depende da ocultação de determinados comportamentos; a legitimidade e a hierarquia demandam (ou melhor, demandavam) não apenas a promoção de determinada mensagem sobre os méritos da autoridade, mas também a denegação de informações que poderiam levar as pessoas a questionar a qualidade de determinada liderança; autoridade depende (ou dependia) de algum grau de controle do ecossistema de informação. Como diz Meyrowitz, quanto mais uma mídia de comunicação permite a separação do que pessoas diferentes sabem, mais "a mídia permitirá muitos graus de autoridade"; e "quanto mais uma mídia de comunicação tende a fundir mundos informacionais, mais a mídia encorajará formas igualitárias de interação".[22]

A internet e as redes sociais fundiram mundos informacionais, convidando antigos e novos atores a participarem de toda e qualquer discussão; a compartimentalização de papéis e de informações não conta mais com legitimidade. Veja-se como hoje, por exemplo, as redes sociais abriram espaço para uma série de personalidades, influenciadores e canais que têm mais audiência que muitas mídias tradicionais estabelecidas há décadas. Muitas pessoas hoje confiam mais em canais amadores do que na própria mídia tradicional; a legitimidade hoje precisa advir de uma conversa franca e transparente com o público, e não do obscurantismo ensaiado ou do distanciamento esplêndido da aristocracia. É por isso que Meyrowitz chega a dizer que todas as mudanças nas mídias de comunicação são "inerentemente revolucionárias".[23] E não é à toa que isso causa uma reação histérica e autoritária na vanguarda que se julga a dona do poder, a senhora das instituições.

6

Talvez até por uma questão natural de demanda do mercado, as mídias sempre caminharam em direção a uma maior descentralização e participação. Livros e jornais já representaram uma grande horizontalização das comunicações quando os comparamos ao mundo monástico dos escribas, assim como o fizeram o telégrafo, o telefone, o rádio e a televisão. Hoje vivemos mais uma etapa dessa horizontalização, mais uma evolução na era das "tecnologias da liberdade", na expressão de Ithiel Pool.[24]

"Hoje eu desafio o mundo sem sair da minha casa", diz a música *Me Deixa* do grupo O Rappa, de 1999; você vê que já em 1999 o impacto da internet era percebido por observadores atentos da tecnologia e da cultura.[25] Mesmo antes das redes sociais, a internet já se mostrava com um potencial enorme de horizontalização das comunicações, em especial por abrir a todos não apenas o consumo autônomo e instantâneo de qualquer informação, mas também a sua produção irrestrita. A televisão alcançava um público amplo, mas era uma comunicação centralizada, desde uma rede até muitos telespectadores (um-para-muitos); a internet, por sua vez, permitiu o muitos-para-muitos, uma horizontalização e uma facilidade de comunicação em grau inédito. E com os avanços mais recentes – celulares, câmeras e redes sociais – o processo de produção e disseminação de conteúdo tornou-se ainda mais simples e horizontalizado.

Ao facilitarem a produção e a disseminação radical de informação, as redes sociais modificam a balança de poder entre líderes e liderados. Não apenas se podem questionar políticos, jornalistas e demais pessoas que antes permaneciam intocáveis em seu distanciamento esplêndido, o que contribui para a perda da sacralidade estratégica que colocavam essas autoridades em posições inquestionáveis, acima do bem e do mal; mas há também um efeito de perda da confiabilidade pela comparação. Ao se abrir a produção do conhecimento ao cidadão comum, nós começamos a perceber que é possível aparecer em um vídeo sem parecer um orador farsante como a maior parte dos políticos e autoridades aparenta ser. Compare o seu *youtuber* preferido com qualquer político ou jornalista da mídia tradicional: ele parece muito mais empático, verdadeiro e confiável. A afetação artificial dos setores tradicionais, que sempre usaram a afetação simbólica e retórica como uma espécie de distintivo profissional (e que portanto os separava do público), hoje em dia perdeu a credibilidade por comparação: a manutenção da "liturgia", do jargão e do profissionalismo frio hoje transmitem mera falsidade calculada.

Em seu *The Revolt of the Public and the Crisis of Authority in the New Millennium*, Martin Gurri diz que a horizontalização das comunicações modificou as expectativas quanto ao funcionamento das instituições tradicionais como governo, academia e imprensa. As redes tornaram mais simples, ainda, a comunicação sobre os erros dessas instituições: ficou evidente para todos a enorme distância entre a competência real das instituições e a competência ilusória que elas projetavam como parte de sua campanha de legitimação. Gurri afirma que essa distância sempre existiu, e o que mudou foi a percepção do público quanto a isso.[26] Mas hoje parece-me haver um agravante: ao ser descoberta como artificial e falsa, a vanguarda não age como o "mágico" de Oz que, descoberto em seu ardil, mostra-se resignado e busca redefinir a sua relação com o público em bases mais transparentes; muito pelo contrário, a vanguarda dobra a aposta, começa a atacar o público, insiste em mentir numa era em que a mentira é rastreável, e diz que o grande crime contra a Democracia é a derrubada do biombo, que a todo custo ela busca reparar. Não à toa, boa parte da vanguarda perplexa pede pela volta do decoro, da liturgia, dos bons modos, da boa retórica; e assim pedem porque desejam o retorno de algo impossível de voltar: a legitimação sacrossanta das instituições pelo monopólio da projeção de sua excepcionalidade, da estética do distanciamento esplêndido como marca de distinção; as lideranças institucionais devem estar de um lado, e o povo obediente do outro.

Joshua Meyrowitz diz que as posições hierárquicas são as mais afetadas pela introdução de novos padrões de circulação de informação. E como "o controle da informação é aspecto *implícito*, e não explícito, do alto status, as mudanças na hierarquia são rodeadas de confusão e desespero". Posições de alto status que dependem do controle da informação não dizem que fazem o controle da informação; evidentemente, parte da mágica do controle é parecer que não há controle nenhum: o mandarim tem legitimidade por causa de suas características pessoais, e não porque controle a narrativa acerca de seu mandarinato. E como muitas posições de poder confundem-se com a própria vida individual de quem as detém, "quando pessoas de alto status perdem o controle sobre a informação que assegurava o seu status, todos os interessados provavelmente sentirão que uma mudança metafísica aconteceu, uma deterioração dos indivíduos e da sociedade".[27]

Esse senso de desorientação da vanguarda explica por que tantos escolarizados urbanos de hoje parecem viver em permanente ansiedade, perplexidade e histeria, em alta volatilidade emocional, ora eufóricos quanto a grandes potenciais utópicos, ora pensando que o mundo está irremediavelmente condenado. Muitos

9. MÍDIAS: TECNOLOGIAS DA LIBERDADE, ESPERNEIOS DA VANGUARDA

vanguardistas são capazes de jurar que o problema do Brasil são as redes sociais e as "*fake news*", e não o saneamento básico ou as dezenas de milhares de homicídios cometidos todos os anos. A mídia sempre praticou um pouco de sensacionalismo, às vezes até involuntário; mas hoje parece que a volatilidade emocional é obrigatória, e que se você não se encontra em desespero e em esperneio, é porque há algum problema de caráter com você.

A horizontalização da comunicação homogeneíza papéis sociais, e assim achata as pirâmides da hierarquia; o acesso à informação contribui para uma quebra de expectativas, um desapontamento geral com o desempenho das instituições tradicionais. Como Meyrowitz diz, "quanto mais é descoberto sobre o que as autoridades fazem e sabem, menos elas aparentam merecer ser autoridades todo-poderosas (...). Alto status que não é (ou não é mais) baseado em acesso especial a informação é geralmente alvo de revolta".[28] Isso explica por que, por exemplo, as pessoas estão tão envolvidas com a política enquanto, ao mesmo tempo, sentem repulsa contra candidatos e o sistema político; nós temos mais informação, estamos mais envolvidos, sabemos mais sobre o que acontece – e é exatamente por isso que perdemos a confiança na vanguarda do governo, da academia e da imprensa.

7

Não é curioso isso? Numa era em que se falava tanto sobre participação social e engajamento cívico, e alguns chegavam até a dizer que a internet poderia aprimorar ou mesmo "salvar" a democracia,[29] não é curioso que seja precisamente nessa era que muitos se movimentem contra a Liberdade de Expressão? O que houve com esses ideais de maior democratização? O que houve com dar importância a todas as vozes, inclusive as mais marginais? Por que não celebram o fato de que hoje todos, do mais rico ao mais pobre, podem desafiar o mundo sem sair das suas casas? Por que dizem adorar a Democracia enquanto que, ao mesmo tempo, parecem rejeitar com vigor a democratização?

Para retomar de maneira resumida: toda nova mídia altera o ecossistema de informação, ou seja, altera a maneira como a informação é produzida e transmitida;

UM PEQUENO TRATADO SOBRE A LIBERDADE DE EXPRESSÃO

isso permite o surgimento de novas ideias e, em especial, de novas contestações a valores e autoridades que se pensavam eternos e estabelecidos. Isso gera insegurança, ansiedade e perplexidade com a vanguarda; como assim questionam isso? Como assim ousam pensar pensamentos que, até ontem, julgávamos enterrados pela história? De onde saíram essas vozes que não reconhecemos? O mapa do ecossistema de informação anterior – com zonas determinadas de ideias aceitáveis, as áreas de produção autorizada do conhecimento e as rotas legítimas para transmissão do pensamento legítimo – não funciona mais, e assim a tecnocracia sente-se perdida e confunde a sua perda de orientação com um problema metafísico do mundo lá fora: se as coisas parecem-me bagunçadas, se há um monte de "ódio" e de ideia "inaceitável" saindo pelos bueiros, é porque o mundo está com algum problema (o mundo, e não eu); é como se Deus resolvesse abolir as leis da física, e as coisas em vez de cair passassem a flutuar: o que está acontecendo? Como sobreviver sem gravidade em um mundo em que todas as nossas ferramentas, e toda a nossa percepção, evoluíram contando com a sua força? Não é à toa que o livro de Meyrowitz chama-se "*no sense of place*", referindo-se à perda do "sentido de lugar", à perda de orientação provocada pelas novas mídias.

E não é à toa que profissionais tradicionais da informação (como jornalistas, intelectuais públicos, divulgadores científicos etc.) são os que parecem em maior pânico com as mudanças do ecossistema: o leitor que acompanha as suas redes sociais testemunhará um grau de emoção e sentimentalismo (quando não histrionismo) completamente incompatível com o equilíbrio emocional exigido de quem se propõe a analisar e reportar a realidade. Se o meu médico me desse alguma orientação com essa performance, eu procuraria outro que estivesse menos tomado pela emoção. Não tenho nada contra emoções em geral, mas penso que há disciplinas que só funcionam quando evitamos pontificações morais e nos atemos aos fatos.

Um exemplo, também da época da pandemia, ilustra bem esse descompasso entre a imprensa e a realidade: jornalistas falavam (ou melhor, pontificavam, com aquela usual condescendência) o tempo todo sobre "fique em casa" enquanto eles mesmos estavam no estúdio, e não em suas casas. Mas por que jornalistas podem ir trabalhar, e não os demais cidadãos? Eles são melhores? São de outra casta? Para eles é "fique no estúdio"? Eles pensam que são vistos como sobre-humanos, e que assim não perceberíamos a contradição entre "fique em casa" e "estar no estúdio"? Eles perderam a noção da realidade. No passado isso ficaria por isso mesmo, pois jornalistas tinham algum poder de controle sobre a narrativa; hoje, podemos

9. MÍDIAS: TECNOLOGIAS DA LIBERDADE, ESPERNEIOS DA VANGUARDA

validar mutuamente a nossa percepção, e assim alcançar a convicção do óbvio: a vanguarda pensa que há uma regra para ela e uma regra para a gente, e contava com o domínio da narrativa para esconder essa contradição atrás de biombos.

O esperneio, o emocionalismo, a pontificação moral e a contradição tão fundamental demonstrados por jornalistas e divulgadores científicos são precisamente os fatores que vêm destruindo a credibilidade da "ciência", "imprensa" e demais instituições; e o problema persistirá enquanto eles acharem que a sua função é promover narrativas para obter do povão ignaro o comportamento que julgam correto em sua missão civilizatória, ainda que eles próprios não se comportem dessa maneira; enquanto eles pensarem que sua legitimidade deve derivar de sua posição institucional, e não de suas ações; e enquanto julgarem que poderão emitir narrativas legítimas a partir de instituições sem transparência e cheias de contradições, que assim revelam ser meramente hipócritas e ardilosas.

Veja-se que não se trata de uma postura consciente e racional da vanguarda, no sentido de que tenham a consciência de que "precisamos derrubar esses críticos, censurar essas redes sociais, pois estão ameaçando o nosso status e a nossa legitimidade"; trata-se de uma ansiedade geral, um desconforto "metafísico" como mencionamos anteriormente: algo está muito errado com o mundo, e é preciso agir agora, agir rápido e com contundência (por isso temos visto tantos "democratas" vociferando contra a democratização do debate público trazido pelas redes sociais). A razão para essa postura é algo mais fundamental, e tem a ver com a identidade e o senso de missão da própria vanguarda. A tecnocracia de escolarizados urbanos carrega uma escatologia (um sentido de destino da história) e arroga-se um senso de missão condescendente e paternalista: como mencionamos anteriormente, trata-se do tecnocrata que se autodesignou a função de tutor e condutor do povo, dotado da missão de "civilizar" a sociedade. A vanguarda sente-se responsável assim por aquilo que o mundo deve ser, o que obviamente inclui as ações das pessoas nesse mundo, o que por sua vez inclui as ideias circulantes: a vanguarda sente-se responsável por aquilo que as pessoas podem dizer e ouvir.

Por isso que o problema da vanguarda não é exatamente com as novas mídias em si: enquanto elas mantinham a hierarquia das ideias aceitáveis, enquanto elas não abalavam o seu senso escatológico, estava tudo certo: havia muita notícia falsa, por exemplo, mas isso não era sequer um problema – e assim não mereciam o *pedigree* de "*fake news*". Quando se demonstrou que as redes sociais poderiam permitir a ruptura do ecossistema de informação, quando se demonstrou que novos grupos

UM PEQUENO TRATADO SOBRE A LIBERDADE DE EXPRESSÃO

com outras ideias poderiam aceder ao debate público, aí a postura modificou-se completamente; não é à toa que a vanguarda idolatrava a internet até o dia em que ocorreram Trump e Brexit: a Democracia e as redes sociais eram maravilhas enquanto traziam o resultado que coincidia com as suas expectativas escatológicas.

Por acharem que algo está errado com o mundo apenas com base em seu desconforto pessoal, como se o seu conforto pessoal fosse a medida da propriedade e da correção do mundo, podemos chamar esse desconforto de uma *revolta narcísica*; quando o povo questiona, o problema não é o questionamento em si, mas sim o ousar questionar, que mina a autoidentidade de liderança messiânica da vanguarda.

As redes sociais estão apondo um espelho virado à vanguarda, e ela não está vendo aquilo que esperava ver, aquilo que ela projeta ser. Isso explica o seu estado emocional volátil, bem como o seu esforço autoritário por silenciar as vozes que considera inapropriadas no mundo utópico que julgam ser correto e "do bem"; as novas mídias derrubaram biombos, expuseram a incompetência, a impostura e a presunção da vanguarda, e por isso tornaram-se alvo da sua ira e do seu ressentimento. A revolta narcísica da vanguarda é a razão central pela qual temos visto tantos chamados a restrições da Liberdade de Expressão numa era em que vivemos uma inédita democratização da informação.

8

A vanguarda e as instituições hoje desnudadas em sua incompetência e impostura – como governo, academia e imprensa – teriam um caminho óbvio para a recuperação de sua legitimidade, que seria o de entender os novos tempos, os novos padrões de circulação da informação, as novas expectativas do público quanto à construção de credibilidade. A sinceridade calculada, o improviso ensaiado e a informalidade planejada do teleprompter, que antes talvez até servissem para que a vanguarda se aproximasse do público, hoje são interpretadas como mera falsidade, e contribuem para a perda de sua credibilidade. Os espaços distantes e sem transparência, que antes serviam para fortalecer a aura mítica da autoridade, hoje significam apenas uma autodeclaração de falsidade e culpa: agora nós sabemos quem vocês são de verdade,

9. MÍDIAS: TECNOLOGIAS DA LIBERDADE, ESPERNEIOS DA VANGUARDA

então não adianta remendar os biombos para voltarem a se esconder atrás da liturgia e do distanciamento esplêndido de quem se pensa melhor que o seu público. Pessoalmente, eu não tenho nenhum plano detalhado de como a credibilidade perdida poderia ser recuperada – isso é tarefa para os profissionais de relações públicas, comunicações e áreas afins –, mas certamente o caminho para a credibilidade nesta era de horizontalização radical das comunicações passa por fingir menos e por dizer mais a verdade – a verdade real, e não aquela que se quer que o público compre.

Por exemplo, tomemos o caso da vacinação contra Covid-19. Há muita discussão sobre hesitação vacinal, quer dizer, o fato de que pessoas estejam hesitantes em tomar a vacina (ou em vacinar os seus filhos) por quaisquer razões, mas em especial devido ao ineditismo da vacina. Como se sabe, trata-se de uma vacina nova, de cujos efeitos de longo prazo ainda não se têm estudos (por motivos óbvios, não se conhecem ainda os seus efeitos após 20 anos, por exemplo). É evidente que mesmo sem conhecer os seus efeitos de longo prazo, uma vacina pode ter excelente custo-benefício; mas o meu interesse aqui não é discutir o benefício da vacina, mas sim a comunicação científica em torno do tema.

Diante da hesitação vacinal, há duas estratégias de comunicação. A primeira é simplesmente mentir, desinformar, omitir informações, para que a população acredite numa realidade alternativa cor-de-rosa e, assim, tenha a sua hesitação dirimida. Veja-se por exemplo o que fez o Instituto Butantan, em relação à sua vacina Coronavac. No lançamento da vacina, anunciou-se eficácia de 100% contra casos moderados e graves da doença,[30] o que logo em seguida foi amenizado pelo próprio instituto.[31] O problema é que, mesmo depois disso, a comunicação pública do Butantan continuou exaltando essa eficácia não comprovada (ou ao menos não generalizável para a população em geral, para além do âmbito dos participantes dos estudos, por falta da chamada significância estatística). Em tuíte de 14 de janeiro de 2021, o instituto diz que "os estudos mostraram que quem tomar a vacina terá 100% de chances de não ser hospitalizado ou de ir para uma UTI".[32] Na tarde do mesmo dia, o instituto tuitou que "quem se imuniza não tem chances de evoluir para estado moderado", junto a uma imagem que destacava "0% de risco de casos moderados" e "0% de risco de casos graves".[33] No mesmo momento, e graças à horizontalização das redes sociais, alguns perfis já apontavam o erro dessa afirmação.[34] Em matéria do Poder 360, de setembro de 2021, lê-se o óbvio: que nenhuma vacina é 100% eficaz.[35]

Como nada é 100% eficaz mesmo, isso não depõe contra a qualidade da vacina; bastaria, assim, que se dissesse a verdade; não é a isso que todo cidadão e consumidor têm direito? Mas a afirmação falsa sobre a eficácia certamente depõe contra a qualidade da divulgação científica em torno do tema. Na ciência e na saúde preza-se pelo chamado consentimento informado, o que inclui o conhecimento preciso acerca das chances de sucesso de um tratamento, bem como de seus riscos e possíveis efeitos colaterais. A divulgação do Butantan – e de muitos divulgadores científicos e órgãos da ciência – parece ser baseada no consentimento desinformado mesmo, ou talvez na desinformação arquitetada para se obter dos outros o comportamento que arbitram adequado.

Outra comunicação curiosa do Butantan ocorreu alguns meses depois, quando se discutia a eventual necessidade de uma terceira dose de vacina para reforço da imunização. No dia 12 de abril de 2021, o Instituto tuitou o seguinte: "O Butantan esclarece que não será necessária uma 3ª dose da vacina contra a Covid-19. Afirmar isso é disseminar Fake News. A Coronavac é segura e eficaz após o ciclo de duas doses e mais 15 dias, conforme apontam vários estudos."[36] Só que logo vieram as injunções da realidade, e muitos passaram a cogitar uma terceira dose; quem fez a "*fake news*" afinal? Em agosto o Instituto publicou uma verdadeira aula de prestidigitação retórica: para não cair em contradição, ensaiou dizer que uma terceira dose não seria uma "terceira dose", mas sim "reforço" ou "revacinação".[37] Em dezembro de 2021, no entanto, o instituto passou a falar abertamente em terceira dose mesmo; um diretor do Butantan disse então que "é consenso que a terceira dose só trará mais benefícios".[38]

Ou seja: um instituto da "ciência" conseguiu declarar uma eventual terceira dose como "*fake news*" e como "consenso" num período de apenas alguns meses. Veja-se que aqui eu não estou maldizendo o trabalho técnico do instituto; aliás, todos os funcionários da saúde, dos hospitais aos laboratórios, são verdadeiros heróis e merecem todo o nosso reconhecimento pelo seu trabalho durante a pandemia. Se a minha opinião valer de alguma coisa, fica aqui registrado todo o meu reconhecimento pelo trabalho desses profissionais. Minha crítica aqui é evidentemente à comunicação, à desinformação, ao tratamento das pessoas como não-merecedoras da verdade: ao tentar moldar a percepção pública, o Butantan colocou os pés pelas mãos e derrubou a própria credibilidade. E pior: ainda tratou de acusar os outros de disseminar "*fake news*". É tentador que o especialista diga o que as pessoas devam pensar, e assim module a narrativa para alcançar esse fim; mas o novo ecossistema da informação não tolera mais esse tipo de modulação da verdade: a astúcia é facilmente percebida, e assim corrói-se facilmente a credibilidade. O caminho correto seria simplesmente o oposto: seria simplesmente dizer a verdade, sem narrativas e omissões estratégicas, e confiar no público para formar a sua própria opinião.

9

Só que se as instituições tradicionais resistem a dizer a verdade, você acha que elas assumirão a responsabilidade pela perda da sua credibilidade? Pela erosão da sua legitimidade? Obviamente que não; mas como o problema existe, elas precisarão colocar a culpa em alguém, como sempre fizeram aqueles em posição de autoridade: não é o governo, a imprensa ou a ciência que estão errando em sua comunicação, mas sim os "negacionistas", as "milícias" do "ódio", os divulgadores de *fake news* que estão causando o caos no ecossistema de informação. É a narrativa mais conveniente à vanguarda, porque permite que ela se exima de responsabilidades e porque legitima o silenciamento de dissidentes para a reconsolidação de sua autoridade.

O caso das "fake news" é realmente curioso. No capítulo 7 tratamos sobre a falibilidade, e tudo o que comentamos sobre ciência aplica-se também aos demais fatos: há sempre possibilidade de erros, de interpretações, e portanto é impossível o estabelecimento de um Ministério da Verdade que adjudicará o que é certo ou errado, o que é verdadeiro ou falso. Qualquer estrutura desse tipo será usada pelos poderosos para silenciar os seus críticos, ainda que eles escondam essa censura sob a capa do "combate ao ódio" ou às *fake news*. Mas então qual a saída para a vanguarda? Como criar uma estrutura que funcione como um Ministério da Verdade, mas que não deixe tão na cara que estamos censurando críticos e heterodoxos?

A imprensa tradicional poderia fazer isso, mas ela conta com um problema fundamental: todos sabemos que a mídia contém interpretação, que jornalistas são seres humanos com todas as suas qualidades e também seus vieses; a falibilidade da imprensa é algo bem estabelecido na nossa cultura, no nosso espírito do tempo. Isso impede que empresas tradicionais do jornalismo possam executar, com legitimidade, o papel de Ministério da Verdade; um jornal de direita pode checar fatos publicados por um jornal de esquerda (e vice-versa), mas todos entenderíamos que isso se trata de um contraditório, de um debate entre pares; nenhum deles contaria com a prerrogativa oracular e autoritativa de um Ministério da Verdade.

Veja-se que eu não estou dizendo que o jornalismo não possa checar fatos; de certa forma essa é a essência do seu trabalho (do qual, aliás, nunca precisamos tanto). O que estou afirmando é que a checagem de fatos da reportagem tradicional, do jornalismo com o qual estamos acostumados, simplesmente não carrega mais uma aura autoritativa: todos nós sabemos que a imprensa é falível e que a reportagem é sempre sujeita a interpretações, o que impede uma descrição definitiva da realidade.

Então é preciso criar algo que seja como o jornalismo, que possa checar fatos, mas que seja uma organização separada, para que não herde a falta de autoridade da imprensa atual. E assim temos as tais "agências checadoras de fatos", uma manobra esperta de *branding* para poder tutelar o debate público sem as hipotecas morais do jornalismo tradicional. O fato checado pelo jornal tradicional é só uma reportagem; mas o fato checado pela agência checadora parece provir de uma Agência Nacional da Verdade. (Há um problema comercial envolvido também, que tem a ver com a transformação do jornalismo em entretenimento ideológico; mas acho que isso já foge ao nosso tema aqui. Ao surgir do interesse, recomendo ao leitor o livro de Andrey Mir sobre pós-jornalismo.)[39]

O problema é que todos os problemas que acometem o governo, a ciência e a imprensa também acometem as agências de checagem de fatos; ou elas contam com seres humanos de alguma matriz diferente da nossa? Quem checará os checadores? Alguém realmente acha que eles checarão com o mesmo afinco as mentiras vindas do lado "do bem"? O problema é tão autoevidente que chega a ser pueril, mas vejamos alguns exemplos.

Em março de 2019, o ministro da Economia Paulo Guedes disse que a pirâmide etária do Brasil teria virado "um losango". A referência obviamente não foi a um losango no sentido de um "losango" geometricamente perfeito, mas sim a uma forma aproximadamente losangular, referindo-se à ideia de que há proporcionalmente menos jovens no país – ou seja, de que a base da pirâmide populacional está-se reduzindo. A Agência Lupa resolveu "checar" a declaração e, fazendo uma interpretação literal da palavra "losango", cravou a fala do ministro como "falsa"; afinal, um losango é "um quadrilátero formado por quatro lados de igual comprimento, com dois ângulos agudos e dois obtusos"[40]. (Como apontou alguém no Twitter,

9. MÍDIAS: TECNOLOGIAS DA LIBERDADE, ESPERNEIOS DA VANGUARDA

o curioso é que a Lupa fez uso da expressão "pirâmide populacional" sem se dar conta de que essa pirâmide tampouco seria uma "pirâmide" no sentido geométrico).

A interpretação literal da palavra "losango" é tão absurda que seria como dizer que a Agência Lupa mente ao chamar-se de "Lupa" porque, afinal, os seus checadores não usam literalmente uma lupa no seu dia a dia. Só que qualquer pessoa com a cognição minimamente funcional entende que "lupa" é uma metáfora, um nome-fantasia, e assim não há mentira alguma em chamar-se de Lupa. Da mesma maneira, qualquer pessoa com a cognição minimamente funcional entende que dizer "losango" refere-se a uma forma geral, a uma aproximação, e não à proporcionalidade exata da geometria euclidiana. O português de alguém pode realmente ser tão obtuso assim, ou a Lupa mentiu de propósito, para meramente opor-se ao governo? Qualquer que seja a razão, esse tipo de erro parece-me fatal à ideia de que uma agência de checagem possa contar com qualquer competência ou isenção superior, as quais supostamente lhe atribuiriam papel especial na definição da verdade e da falsidade; trata-se de uma agência política para a determinação das verdades aceitáveis, uma prática autoritária e censória que visa a interditar o debate público, a limitar a nossa Liberdade de Expressão, com o objetivo de guiar a Democracia (e as nossas vidas) na direção dos arbítrios escatológicos da vanguarda.

Outro exemplo é o relatório da Comissão Parlamentar Mista de Inquérito (CPMI) das Fake News que classificou o jornal *Gazeta do Povo* como divulgador de "notícias falsas".[41] Em movimento semelhante, o senador Renan Calheiros, relator da Comissão Parlamentar de Inquérito (CPI) da Covid-19, apresentou requerimento para quebra de sigilo bancário do grupo Jovem Pan por supostamente ser "grande disseminador de *fake news*".[42] Alguém acha que é coincidência que ambos configurem como oposição a esses grupos parlamentares? Alguém realmente pensa que a preocupação aqui é com notícia falsa? A instrumentalização da ideia de "*fake news*" para silenciar críticos e adversários não é uma mera possibilidade teórica, o que em si já justificaria extremo cuidado com o seu uso; a instrumentalização já está ocorrendo, e somente a estigmatização de certos grupos, somente a ideia de que certos grupos não têm o direito de participar igualmente do debate público, é que pode cegar alguém ao que está acontecendo.

Mas talvez o principal exemplo seja mesmo o post sobre "expressões racistas" que a Agência Lupa publicou em 20 de novembro de 2021, seguindo aquela conhecida narrativa de que palavras como "criado-mudo" e "doméstica" teriam origem racista[43] e, assim, deveriam ser evitadas. Não entrarei aqui no desmonte

161

UM PEQUENO TRATADO SOBRE A LIBERDADE DE EXPRESSÃO

dessas ideias, o que já foi feito em detalhe por Madeleine Lacsko[44] e Leandro Narloch[45], dentre outros. E aliás, aqui nem me interessa se a Lupa está correta ou não quanto ao suposto racismo inerente a essas expressões; o que nos interessa aqui é: em que planeta uma "checagem" de fatos envolve patrulhamento da linguagem e campanhas educativas ensinando como se deve falar? Em que planeta conselhos e recomendações linguísticas são confundidos com descrições factuais da realidade?

Ora, neste nosso planeta Terra mesmo, porque o objetivo não é distinguir verdade e mentira (o que seria excelente; excelente desde que, claro, feito como mera informação ao público, e não como imposição de verdades aceitáveis), mas sim pautar o debate na direção de determinado projeto político. É por isso que uma agência de "checagem" não tem constrangimento nenhum em esquecer a checagem e começar a pontificar, com a grandiloquência típica dos bolchehipsters, aquilo que a massa ignara pode e não pode pronunciar.

Um editorial da Agência Lupa de 26 de novembro de 2021 é esclarecedor. Lê-se que "no último 20 de novembro, Dia da Consciência Negra, a Lupa fez um post nas redes sociais indicando a origem de expressões consideradas racistas. A intenção era, em parceria com o portal Notícia Preta, alertar e conscientizar sobre o uso de palavras e frases entendidas como ofensivas pela população negra". Já aqui estamos diante de uma traição demolidora de qualquer credibilidade: qual a missão de uma agência de checagem de fatos? Será que não seria... a de checar fatos? Ou estaríamos pedindo demais? Mas evidentemente, como se pode ver, se for na direção da agenda política que a vanguarda julga correta, aí é justo abandonar a missão institucional de checagem para, em prol do amanhã radiante, "alertar e conscientizar" a massa ignara.

Em seguida o editorial entra na discussão sobre o conteúdo do post, sobre os erros cometidos quanto à origem das expressões, sobre por que demoraram a responder etc. Quanto a essa demora, aliás, a observação do editorial é curiosa: "Enquanto fazíamos o processo de revisão, não tecemos comentários. Nossa intenção foi a de não ampliar a rede de ódio que se formou ao nosso redor desde o último sábado." Eu não sou a favor de que se forme "ódio" ao redor de ninguém, mas a reação do público, ainda que de "ódio", não pode servir de álibi para que as instituições se eximam da responsabilidade e da prestação de contas.

Em seguida dizem que a resposta foi lenta por causa da "necessidade de uma apuração exaustiva, para levar ao leitor a informação correta e baseada em fatos, que pauta todo o nosso trabalho"; mas por que não checaram antes? Não é

9. MÍDIAS: TECNOLOGIAS DA LIBERDADE, ESPERNEIOS DA VANGUARDA

essa a razão de ser do seu trabalho? Aliás, não reside precisamente aí o risco de se abandonar o jornalismo para fazer militância? Porque a partir do momento em que a agência vira militância e pára de checar fatos, quem checará os checadores com a necessária isenção?

Mas o problema não é o erro da "notícia" em si, algo natural em qualquer empreendimento humano. O problema é a agência julgar apropriado utilizar o brevê de "agência de checagem" – um *imprimatur*[46] que a coloca acima dos demais debatedores, como se fosse um tribunal superior de isenção e neutralidade – para fazer avançar a sua agenda política. E quanto a isso, quanto a esse papel militante do qual uma "agência de checagem" deveria manter-se distante, o editorial foi completamente silente.

10. O cativeiro da bondade

1

Se alguns anos atrás alguém me dissesse que hoje viveríamos uma época em que a Liberdade de Expressão se encontraria em risco, eu não acreditaria. Diria que a previsão é incongruente com a história e a visão de mundo da sociedade brasileira, que aprendeu, pelos castigos da experiência, a valorizar a Liberdade de Expressão acima de todas as demais demandas sociais. Desde o processo de redemocratização do Brasil nos anos 1980, se havia algum consenso na sociedade brasileira – por toda parte, em todos os lados do espectro ideológico – era o de que nos tornáramos finalmente livres para pensar e dizer o que quiséssemos.

Eu estava errado, evidentemente; hoje vivemos uma era de ressurgimento da libido censória, do impulso autoritário, do ímpeto de se silenciarem as vozes discordantes. Como diz Fernando Schüler, "a liberdade de expressão parecia quase consenso, anos atrás, e hoje virou um tabu. Vivemos tempos de um novo autoritarismo, à direita e à esquerda".[1]

Como conclusão, proponho ao leitor algumas reflexões sobre as razões desse ressurgimento do ímpeto censório.

2

A razão mais simples e fundamental refere-se à incapacidade treinada de muitos escolarizados urbanos brasileiros, que simplesmente absorveram automaticamente a ideia de que o estado deve tutelar todos os aspectos da vida do cidadão, incluindo-se aí a eliminação de qualquer risco, ofensa ou circunstância desagradável. Nessa visão da Democracia Tutelada, o estado tem a prerrogativa de controlar o que adultos podem e não podem pensar e falar; e se num exercício imaginativo uma determinada ideia parecer poder provocar alguma violência futura, alguma ofensa ou desconforto, então ela deve ser proibida. Muitos são incapazes assim de sequer conceber a existência de um Brasil onde se permita a livre-manifestação com o grau de liberdade que descrevi neste livro, e assim acreditam que a tutela (com certo grau de autoritarismo) seria a única maneira de se preservar a Democracia.

Esse problema alcança inclusive os nossos tribunais; analisando casos julgados emblemáticos sobre Liberdade de Expressão na justiça brasileira, o professor Ronaldo Porto Macedo Jr. diz que o aspecto mais saliente é "a falta de uma reflexão mais profunda e refinada que pudesse revelar alguma coerência teórica" que embasasse as decisões. O professor diz ainda que é difícil evitar a impressão de que as decisões judiciais sobre o tema são "mera expressão de vieses ideológicos que guiaram as preferências do juiz".[2] O tema da Liberdade de Expressão ainda não é conhecido com a profundidade necessária em nosso país.

3

A vanguarda de escolarizados urbanos possui certo poder simbólico conferido por seus diplomas e sua posição de porta-vozes intelectuais do ensino científico. E num país como o Brasil, em que infelizmente estudar é para quem pode (e não para quem quer), o sujeito que é escolarizado pensa-se quase um escolhido pela Providência; com tanto analfabeto, como logo eu fui nascer numa família letrada e pude estudar numa das melhores escolas particulares? Eu só posso ter sido Escolhido, claro; o narcisismo é quase inevitável. E é assim que se inicia esse traço colonialista, pombalino, autoimperialista, tenentista e messiânico da nossa classe urbana escolarizada: os vanguardistas agem como jovens grandiloquentes, pontificadores morais, como se fossem herdeiros de algum déspota (que se acha) esclarecido; eles pensam-se agentes civilizatórios da massa ignara.

10. O CATIVEIRO DA BONDADE

Não à toa muitos críticos da visão ampla da Liberdade de Expressão dirão que a ideia da Liberdade de Expressão é ótima, o problema é o Brasil, o povo brasileiro, esse povo que não é "educado", "maduro" ou "evoluído" o suficiente para lidar com a livre-manifestação de ideias. Como sempre, a vanguarda brasileira tem grandes projetos e anseios para a Democracia brasileira; o que a atrapalha é o povo mesmo.

A Democracia Tutelada traz dois problemas: o primeiro é que alguém tem de ser o tutor, evidentemente, e com isso tem-se uma Democracia de castas, em que um grupo é alçado à posição de poder e assim arroga-se determinar quais discursos devem ser permitidos ou proibidos no debate público. O segundo problema é que a vanguarda de escolarizados urbanos não tutela a Democracia apenas para preservá-la, deixando-a caminhar para onde quer que a sociedade decida; ela tutela a Democracia com uma escatologia, com um sonho para a história e a "civilização" brasileira, com uma visão utópica de riviera tropical[3], com um determinado objetivo em mente; e da escatologia até o maniqueísmo é um pulo: se o projeto da vanguarda representa o Bem, qualquer oposição somente poderá representar o Mal.

No Brasil tem-se assim uma vanguarda tomada de um fundamentalismo intelectual secular, uma cruzada que se crê estandarte do "iluminismo", da "razão", da "ciência" e que se incumbiu, unilateralmente, de impor sua sabedoria às massas que crê ignorantes e dependentes. Sua visão do Bem é o único caminho para a Democracia; quando esta sai do seu rumo – se são eleitas pessoas "erradas" ou se são aprovados projetos "equivocados" –, a vanguarda tende a interpretar a situação como um problema existencial da Democracia, que logo diz estar "em crise" ou "morrendo".

Esse sentimento de medo e ansiedade provocado pela frustração da sua escatologia acaba por produzir, evidentemente, um ressurgimento do ímpeto censório. É natural que ao sentirem medo e ansiedade, aqueles que se arrogam tutores da Democracia sintam-se ainda mais responsáveis por colocar as coisas "em ordem", no "caminho certo da história", na direção do Bem, e assim recrudesçam a perseguição às ideias indesejadas. (Só que é exatamente nesses períodos, é exatamente quando as instituições se demonstram irracionais e seus líderes parecem tomados por pânico e histeria, que nós precisamos da ampla proteção da Liberdade de Expressão.)[4]

E é por isso que a libido censória não se baseia apenas na proibição de determinada classe de ideias – como *fake news* ou "ataques às instituições" –, porque dependendo do grupo de onde venha, a vanguarda a tolerará mais. Muito embora a vanguarda critique o discurso extremista, por exemplo, ela tolera os extremismos habituais entre os seus pares (como o "ódio do bem" dirigido a evangélicos, ou o "ato antidemocrático do bem" de inspiração socialista); então em eventuais esforços para restringir a Liberdade de Expressão, o "extremismo" a ser proibido será sempre o do adversário, e nunca aquele praticado pelo seu próprio grupo.

A intenção da libido censória é não apenas o saneamento do ecossistema de informação promovido por mentes que se arrogam puras e preocupadas com a higiene da cognição humana, mas também o controle de determinados grupos considerados indesejáveis. A restrição à Liberdade de Expressão não é motivada apenas pela vontade de aperfeiçoamento da informação; não se trata apenas de "combater a desinformação" ou de promover as ideias "certas", o que já seria um esforço terrivelmente autoritário. O problema é ainda mais grave, pois a restrição à Liberdade de Expressão insere-se no incontornável jogo da política, no jogo da definição de quem manda em quem e em quê, e por isso é afetada pelas definições de quem é aliado e quem é adversário. Em qualquer momento da história, as razões para a libido censória podem ser mais bem entendidas quando se analisam os grupos que o censor visa a perseguir ou afastar das disputas de poder.[5]

4

A libido censória concretiza-se não apenas na tradicional censura estatal (exercida diretamente ou via pressão governamental sobre as mídias sociais[6]), como também pelo justiçamento via turbas que cometem os chamados "cancelamentos". As redes sociais fornecem o meio, enquanto as ideologias "do bem" – como o politicamente correto, o sentimentalismo exacerbado, a sinalização de virtude, a grandiloquência moral, a "lacração", a moda e a vontade de se pensar do "lado certo da história" – fornecem a justificativa para que personalidades autoritárias ponham para fora o seu ímpeto incontornável de tutelar a vida dos outros, e assim prejudicar a vida de qualquer pessoa que ouse pensar por si própria.

Em seu livro *Kindly Inquisitors*, Jonathan Rauch alerta para o fato de que, com disfarces humanitários, a ideia de restrição à Liberdade de Expressão tem recuperado respeitabilidade. Segundo ele, "o velho princípio da Inquisição tem sido reavivado: as pessoas que têm opiniões erradas ou ofensivas devem ser punidas pelo bem da sociedade. Se elas não puderem ser colocadas na prisão, então elas devem perder seus empregos, ser submetidas a campanhas organizadas de vilificação, forçadas a se desculpar, pressionadas a se retratar".[7]

Algumas pessoas interpretam o cancelamento como mero "boicote"; mas isso é enxergar o problema na escala e no contexto errados. O traço saliente do cancelamento é a eliminação de séculos de construção do devido processo legal: os canceladores investigam, acusam, julgam e aplicam a pena, tudo pelo método autoritário do justiçamento via turba, sem qualquer respeito ao direito a um julgamento justo, ao juiz imparcial, à defesa, aos recursos, à pena proporcional ao ato cometido; não se trata de mero "boicote", mas de tirania mesmo. O cancelamento é a corrupção do devido processo legal; se é para fazer uma analogia, ele está muito mais próximo do linchamento e da caça às bruxas do que de um mero "boicote".

Aspecto importante do devido processo legal é também a compartimentalização do fato; por exemplo, após o cumprimento da pena, entende-se que o condenado pode-se reintegrar à sociedade, buscando um emprego, abrindo uma conta no banco, indo ao supermercado, acessando aos serviços públicos e ao mercado em geral. Nós aprendemos que a sociedade funciona melhor quando compartimentalizamos os conflitos, mantendo contidas as suas consequências: a sua pena é apenas a pena aplicada no devido processo legal, da forma mais civilizada o possível. O condenado depois não será banido e ostracizado de maneira arbitrária, em especial após cumprida a pena que a sociedade, por meio de seus mecanismos institucionais formais, já lhe aplicou. Houve o crime, nós o julgamos com método e justiça, a pena foi cumprida, e assim o assunto está resolvido: vida que segue.[8]

O que vemos no cancelamento não tem nada a ver com isso; primeiro que nem crime foi cometido: muitas vezes o "cancelado" apenas pronunciou alguma opinião impopular e considerada incorreta pelos vanguardistas "do bem". Segundo que não há qualquer consideração com justiça ou devido processo legal: o objetivo é instrumentalizar as redes sociais e as turbas para acabar com a vida daquele que ousar pensar de forma diferente. E o método agora não se limita a ofender, silenciar e boicotar o divergente diretamente; agora busca-se o chamado *boicote secundário*, em que se vai atrás de toda a sua rede de relações – empregador, fornecedores do empregador, familiares, empregadores dos familiares – com vistas a inviabilizar a vida de quem pensa diferente. O objetivo é impedir o dissenso pela ameaça do constrangimento e da carestia, pela destruição da vida social e econômica de quem sair da linha de pensamento autorizada pela vanguarda.

Como expliquei no capítulo anterior, há amplos setores da vanguarda de escolarizados urbanos que se encontram histéricos, em pânico por causa da cacofonia das redes sociais. Incapaz de aceitar essa nova realidade, e de assim buscar renovar a legitimidade das instituições por meio de mais transparência e diálogo (ou seja, de uma nova estratégia de relacionamento entre instituições e seu público), a vanguarda prefere dobrar a aposta do distanciamento esplêndido: nós falamos, nós ditamos, nós dirigimos a sociedade; a função de vocês é apenas seguir. Diante dessa postura, dessa incapacidade de reconhecer a legitimidade do outro como interlocutor, é natural que se busque estigmatizar (como *fake news*", "negacionismo", "ataque às instituições" e assim por diante) qualquer discurso que não se encaixe na ortodoxia de opinião definida pela vanguarda. Depois de realizada a estigmatização, torna-se mais fácil perseguir, silenciar e ostracizar.

E a estigmatização tem um outro efeito poderoso também, que é o de provocar a espiral do silêncio, a autocensura; mesmo quem não concorda com a vanguarda acaba-se silenciando para evitar retaliação e o desconforto psicológico em se contrapor aos demais. Em seu *O Antigo Regime e a Revolução*, ao tratar do silêncio que muitos defensores da Igreja Católica mantinham à época da Revolução Francesa, Alexis de Tocqueville faz uma observação precisa: os homens temem "mais o isolamento que o erro".[9] E é assim, por essa demanda emocional, por carência e medo da solidão, que muitos acabam-se autocensurando diante de uma maioria ou uma minoria barulhenta.[10]

A vanguarda da Democracia Tutelada tem perfeita consciência da ocorrência do justiçamento via turbas, da espiral do silêncio, de como tudo isso tem inibido a livre-expressão em nosso debate público. Mas como estão satisfeitos (por ora) com as escolhas dos alvos desses justiçamentos, continuarão fingindo que nada acontece enquanto clamam, evidentemente, por mais Democracia, Liberdade e tolerância nesta era "tão polarizada" e com "tanto ódio".

5

No primeiro capítulo eu mencionei um episódio de *Black Perspective on the News*, em que um neonazista e um membro da KKK foram convidados por Reginald Bryant e Acel Moore, dois jornalistas negros, para um debate na televisão em 1977. O debate contou com a participação de dois intelectuais, também negros: Lawrence Riddick (professor visitante de Harvard) e Charles King (presidente do Atlanta Urban Crises Center).

Durante o episódio, ao qual assisti algumas vezes, ouvem-se as diatribes naturais do racismo e do antissemitismo; mas não foi isso o que me chamou à atenção. O que me chamou à atenção foi a reação de Bryant: ao final do programa, os racistas foram dispensados, e Bryant permaneceu no estúdio apenas com os outros dois debatedores, o dr. Riddick e o dr. King. Numa reflexão pós-debate, Bryant perguntou a eles o que acharam do que havia ocorrido ali, como eles avaliavam a conversa que tiveram. Riddick disse que os racistas estavam errados, mas considerando-se o nível baixo de conhecimento geral de história, ele não tinha certeza se o ouvinte médio poderia fazer a distinção entre o que era razoável e o que não era. Riddick estava preocupado com a percepção que o público teria da apresentação daquelas ideias repugnantes.

E nesse momento Reginald Bryant faz o seu monólogo final, um discurso profundamente ético em nome do respeito e do verdadeiro reconhecimento da dignidade do seu público, da dignidade do próximo: como que antevendo a controvérsia que o episódio provocaria, ele diz que acredita que as pessoas saberão discernir o que é mera diatribe e o que há de valor ali para a causa a que todos devem-se dedicar no seu país, que é a de sobreviver juntos.[11] Bryant confia no seu público para garimpar, em meio ao debate cheio de ideias repugnantes, o que há de valor para as suas vidas e a sociedade; mais uma vez, como fizera outras vezes em sua carreira, Bryant demonstrava confiança e presumia a inteligência dos seus ouvintes.[12]

E aqui resta a grande lição que tive ao longo deste trabalho, a lição que aprendi com Reginald Bryant, Acel Moore e com tantos outros, e que talvez seja o princípio fundamental de muitos defensores da ampla Liberdade de Expressão: o reconhecimento pleno de que o outro tem tanto direito à expressão, à informação e ao livre-convencimento quanto nós temos, e assim não cabe ao estado nem a uma classe iluminada a determinação daquilo que se pode ou não se pode pensar e falar. Como jornalistas com programa de televisão na década de 1970, eles poderiam facilmente exercer um papel de controle como intermediários da informação; mas mesmo assim, mesmo com esse privilégio, eles preferiram abdicar desse papel de tutela, e franquear ao seu público o contato com a realidade, não importando quão dura, ofensiva ou desumana ela fosse.

A Democracia, a verdadeira Democracia – e não a Democracia Tutelada – é predicada na confiança no povo, na confiança na Liberdade do povo. Somente as sociedades que não confiam em si - ou não acreditam nas premissas da Democracia - é que promovem a limitação da Liberdade de Expressão.[13]

Agradecimentos

Este livro não existiria sem o apoio e o incentivo total, completo, incondicional (e inclusive irresponsável) da minha esposa; para ela fica o primeiro e maior agradecimento. Minhas filhas também apoiaram-me bastante, seja a minha mais nova insistindo em ficar no meu colo enquanto eu escrevia, seja a minha mais velha com toda a sua curiosidade infantil, tão destemida quanto fugaz: outro dia, por exemplo, ela me perguntou se no meu livro eu havia incluído a defesa da vida dos animais. Quando fui explicar que a vida dos animais é importante mas que esse não era exatamente o tipo de liberdade de que tratava o livro, ela já havia perdido o interesse na minha resposta e estava brincando com outra coisa; que bom, que bom que temos coisas melhores para fazer em casa! Pelo visto, a verdadeira liberdade é a liberdade de ignorar os pais.

Liberdade essa que vamos ficando mais velhos e preferindo não ter, e assim agradeço aos meus pais, e também aos meus irmãos: com a força deles qualquer um sente-se à vontade para enfrentar o mundo. Graças a eles aprendi que *chutzpah* e insolência são qualidades, e não defeitos. Agradeço igualmente aos meus tios, primos, toda a minha família; tenho certeza de que eles reconhecerão, aqui no livro, alguns dos temas que temos debatido há décadas em nossos encontros motivados pela curiosidade intelectual, pelo ímpeto do debate e, evidentemente, pelas cervejas, vinhos e vodcas. Espero que discordem de tudo e que este livro provoque ainda mais discussões; não tem nada melhor que isso.

Este livro foi escrito com o apoio direto e indireto de muita gente, com a ajuda de muitos professores e amigos com quem tenho conversado há tempos sobre o tema da Liberdade de Expressão. Mesmo conversas curtas e despretensiosas deixam reminiscências que nos levam a novas maneiras de pensar. Deixo aqui assim meus agradecimentos a Adriano Gianturco, Adriano

Paranaiba, Alex Catharino, Alexandre Gomes, Bruno Garschagen, Dennys Xavier, Diogo Costa, Eduardo Affonso, Eli Vieira, Elias Barenboim, Fabio Barbieri, Fabio Zanini, Felipe França, Fernando Schüler, Frederico Bonaldo, Geanluca Lorenzon, Helio Beltrão, Leandro Narloch, Leonardo Regazzini, Luciano Trigo, Mariangela Ghizellini, Mario Henrique Viana, Martin Gurri, Maurício Bento, Nicolae Tecu, Paulo Polzonoff Jr., Rafael Dal Molin, Roberto Motta, Roberto Rachewsky, Rodrigo Saraiva Marinho, Thaiz Batista, Ubiratan Iorio, William English. Certamente há nomes de que esqueço, e deixo aqui minhas desculpas.

Agradeço a Wayne Dawkins, Linda Moore, Sandra Clark, Karen Cariani e Alan Gevinson e sua equipe na Biblioteca do Congresso Americano por terem me ajudado a localizar o episódio de *Black Perspective on the News* que menciono no livro. Deixo aqui o meu agradecimento aos amigos do Itamaraty, do Students for Liberty Brasil, do Instituto de Estudos Empresariais e do Instituto Atlantos. Ao Instituto Mises Brasil devo um agradecimento especial, não apenas por todos os amigos que fiz, mas por tudo que tenho aprendido com o seu trabalho em favor da Liberdade no Brasil.

Por fim, agradeço ao Pedro Almeida e à equipe da Faro Editorial por toda a atenção, o trabalho em equipe, e o excepcional trabalho de edição. Obviamente que sou teimoso, e os erros que remanescem são de minha inteira responsabilidade. Mas nem tanta responsabilidade assim também não: Democracia e Liberdade são experimentos, e só estou aprendendo. Confio no leitor para avaliar o que é bom e o que é ruim, o que é acerto e o que é erro, e para assim tirar as suas próprias conclusões.

Notas

Introdução

1. Para esse resumo inspirei-me no relatório sobre Liberdade de Expressão da Universidade de Chicago. Disponível em: https://provost.uchicago.edu/sites/default/files/documents/reports/FOECommitteeReport.pdf

1. Defendendo o inimigo

1. "Censorship is the strongest drive in human nature; sex, a weak second". Em: *The Washington Post.* (1981). The Lust to Censor. Disponível em: https://www.washingtonpost.com/archive/politics/1981/05/19/the-lust-to-censor/3cbe3425-61e3-448f-8ca8-9904e50e1df4/

2. O conceito de dilema do censor é de Robert Corn-Revere. (2021). *The Mind of the Censor and the Eye of the Beholder: the First Amendment and the Censor's Dilemma.* Cambridge: Cambridge University Press.

3. Na expressão de André Marsiglia, a Liberdade de Expressão "é a consagração do desacordo, e não da harmonia". Em André Marsiglia. (2021). *Revisão dos conceitos da Liberdade de Expressão*. Disponível em: https://andremarsiglia. com.br/wp-content/uploads/2021/04/Revisao-dos-conceitos-da-Liberdade-de--Expressao-LJSantos-e-L-Abril-2021.pdf

4. Aproveito para agradecer a Hélio Beltrão por ter-me indicado essa frase e esse filme. Para um resumo do caso jurídico, ver: James Foster. (2009). "Hustler Magazine v. Falwell (1988)". Em: *The First Amendment Encyclopedia*. Disponível em: https://www.mtsu.edu/first-amendment/article/559/hustler-magazine-v-falwell

5. Para uma análise do voto do Brasil, veja-se Norma Breda dos Santos e Eduardo Uziel. (2015). "Forty Years of the United Nations General Assembly Resolution 3379 (XXX) on Zionism and Racism: the Brazilian Vote as an instance of United States – Brazil Relations". *Revista Brasileira de Política Internacional (RBPI)* 58(2). Disponível em: http://ref.scielo.org/32pt2c

6. No original: *"The public affairs show was revolutionary for its time. Instead of black journalists interviewing only black sources, the producers invited white newsmakers too"*. Em: *Black Journalists: the NABJ story*. P. 57.

7. O episódio está disponível no Moving Image Research Center da Biblioteca do Congresso Americano (https://www.loc.gov/rr/mopic/). Solicitar *Black Perspective on the News*, episódio #505, MAVIS #2542981. Até o momento em que escrevo este livro, não se pode assistir pela internet por questões de propriedade intelectual.

   Caso tenha interesse, vale a pena assistir também a um outro programa, que mostrou cenas desse Black Perspective e discutiu como o jornalismo deve lidar com o discurso extremista. Chama-se The Extremists: The American Nazis and the KKK (https://americanarchive.org/catalog/cpb-aacip-512-zp3vt1j510).

8. Wayne Dawkins, op cit, p. 58. E ainda: https://www.nytimes.com/1977/10/08/archives/7-pbs-stations-reject-klansman-and-nazi-interview.html

9. No original: *"Most of what they say is purely inflammatory and factually incorrect (...) But it's still a controversial hour, with content bound to offend the sensibilities of some of our viewers. While we at 'Black Perspective' are sensitive to this fact, we feel that our program cannot help but expose the two for what they are. Therein lies its value; there is no question in my mind that such men are more dangerous when driven underground"*.

Em: *Petoskey News-Review* (Petoskey, Michigan). Mon, Sep 26, 1977. P. 12. Disponível em: http://www.newspapers.com/image/555063337/

10. Não confundir "discurso de ódio" com "crime de ódio". Discurso de ódio (*"hate speech"* em inglês) é apenas discurso mesmo, são apenas palavras, enquanto "crime de ódio" refere-se a crime violento motivado por preconceito (por exemplo, um homicídio motivado por racismo ou homofobia).

11. Há inclusive alguns filmes produzidos sobre o assunto. Vejam-se, por exemplo, *Skokie* (1981) e os documentários *Skokie: Invaded but not Conquered* (2014), *Surviving Skokie* (2015) e *Mighty Ira* (2020).

12. Pelo que pesquisei, houve duas manifestações neonazistas em Chicago logo após a disputa judicial: uma em 24 de junho e outra em 9 de julho. Vejam-se: https://www.nytimes.com/1978/06/25/archives/2000-protesters-drown-out-nazis-at-chicago-rally.html

https://www.nytimes.com/1978/07/10/archives/72-seized-at-rally-of-nazis--in-chicago-police-keep-2000-under.html

13. David Goldberger. (2020). "The Skokie Case: How I Came To Represent The Free Speech Rights Of Nazis". Disponível em: https://www.aclu.org/issues/free-speech/rights-protesters/skokie-case-how-i-came-represent-free-speech-rights-nazis

David Dalin. (1980). "Jews, Nazis, and Civil Liberties". *The American Jewish Year Book*. Disponível em: https://www.jstor.org/stable/23603821

14. Michael Dollinger, à época diretor-executivo da ACLU de Rhode Island e também judeu, também defendeu a posição da sua organização. Ver: "What about the ACLU?" Artigo publicado em *Rhode Island Herald Magazine*, em 27 de abril de 1978. Disponível em: http://www.rijha.org/wp-content/uploads/voiceandherald/1978/1978-4-27.pdf

15. Aryeh Neier. (1979). *Defending My Enemy: American Nazis, the Skokie Case, and the Risks of Freedom.* Nova York: E. P. Dutton. P. 2.

16. *Glenn Greenwald on "Defending my Enemy": So to Speak podcast.* FIRE. O trecho encontra-se em 18:00. Disponível em: https://www.youtube.com/watch?v=jb5q-0G22BM

17. Aryeh Neier, op. cit, p. 148.

18. Kara Ritzheimer. (2016). *"Trash", Censorship, and National Identity in Early Twentieth-Century Germany.* Cambridge: Cambridge University Press. P. 11.

19. Kara Ritzheimer, ibid., p. 268.

20. Guenter Lewy. (2016). *Harmful and Undesirable: Book Censorship in Nazi Germany.* Nova York: Oxford University Press. P. 6.

21. Monark e Igor 3k. Antonio Tablet (*Porta dos Fundos*). *Flow Podcast* #488. Esse debate começa em cerca de 1:10:00. Disponível em: https://www.youtube.com/watch?v=xhz27n_qn6E

22. Além dos casos mencionados, há vários outros exemplos: Glenn Greewald, por exemplo, que é gay e judeu, e antes de ser jornalista era advogado, defendeu o neonazista Matthew Hale (https://www.buzzfeednews.com/article/jtes/how-glenn-greenwald-became-glenn-greenwald); David Baugh, que é negro, foi o advogado de Barry Black, o membro da KKK julgado no caso *Virginia v. Black*, sobre o qual falaremos mais à frente. Veja-se que eles não agiram apenas como advogados neutros; eles também concordavam com a causa da Liberdade de Expressão. Outro exemplo ilustre é o de Jonathan Rauch, que é gay e judeu, e escreveu um livro excepcional sobre Liberdade de Expressão (sobre o qual também falaremos à frente), defendendo a mesma visão ampla que temos defendido aqui.

23. Essa formulação não é minha, mas infelizmente não encontrei a fonte para poder citá-la apropriadamente. Acredito que seja de Antonin Scalia, que diz algo parecido no seguinte vídeo: https://www.c-span.org/video/?443816-101/justice-antonin-scalia-delegate-eleanor-holmes-norton-free-speech-cases

2. O paradoxo do oprimido

1. "Venezuela excluirá partidos e fechará veículos de imprensa que 'incitem ao ódio'". Publicado em 08/11/2017. Disponível em: https://g1.globo.com/mundo/noticia/venezuela-excluira-partidos-e-fechara-veiculos-de-imprensa-que-incitem-ao-odio.ghtml

2. "Venezuela aprova 'Lei contra o Ódio' e mira imprensa". Publicado em 08/11/2017. Disponível em: https://veja.abril.com.br/mundo/venezuela-aprova-lei-contra-o-odio-e-mira-imprensa/

3. ONU. (2019). *"Human rights in the Bolivarian Republic of Venezuela"*. ONU. P. 7. Disponível em: https://www.ohchr.org/en/NewsEvents/Pages/DisplayNews.aspx?NewsID=24788&LangID=E

4. "Venezuela wields a powerful 'hate' law to silence Maduro's remaining foes". Publicado em 14/12/2020. Disponível em: https://www.reuters.com/investigates/special-report/venezuela-politics-hatelaw/

5. ONU. (2021). "Venezuela: Human rights defenders released but charges remain; criminalisation of civil society must stop". Disponível em: https://www.ohchr.org/EN/NewsEvents/Pages/DisplayNews.aspx?NewsID=26757&LangID=E

6. Jonathan Rauch. (2013). *Kindly Inquisitors: the New Attacks on Free Thought.* Chicago: The University of Chicago Press. P. 175.

7. Para um resumo do que ocorreu na reunião, ver Smith Court Stories. "The John Brown Anniversary Meeting". Disponível em: https://smithcourtstories.org/the-john-brown-anniversary-meeting/

No site da Biblioteca do Congresso Americano podem-se pesquisar e ler, online, diversas matérias de jornais da época narrando o evento. Disponível em: *https://chroniclingamerica.loc.gov/*

8. Frederick Douglass. (1860). "A Plea For Freedom of Speech in Boston". Disponível em: https://lawliberty.org/frederick-douglass-plea-for-freedom-of-speech-in-boston/

9. Frederick Douglass. (1854). "The Kansas-Nebraska Bill, speech at Chicago, October 30, 1854". Disponível em: https://rbscp.lib.rochester.edu/4400

10. Ver a introdução em Ligia Fonseca Ferreira. *Lições de Resistência: Artigos de Luiz Gama na Imprensa de São Paulo e do Rio de Janeiro.* Edições Sesc.

11. "O imperador e a liberdade de imprensa". Grifo no original. Em Ligia Fonseca Ferreira. Ibid.

12. Há um excelente documentário de Robert Young, *Sit-In* (1960), que retrata bem o clima e as opiniões durante os *sit-ins* em Nashville, Tennessee. Disponível em: https://www.youtube.com/watch?v=v7zlZJYTkws

Para os interessados no aspecto jurídico dos sit-ins, consultar *Garner v. Louisiana*, disponível em: *https://www.oyez.org/cases/1961/26*

13. Martin Luther King Jr. (1863). "Letter from Birmingham Jail". Disponível em: https://www.csuchico.edu/iege/_assets/documents/susi-letter-from-birmingham-jail.pdf

14. https://www.cnn.com/2018/04/04/us/martin-luther-king-jr-mountaintop-speech-trnd/index.html

15. Há muita documentação sobre o caso. Ver, por exemplo, o livro *The Tyranny of Silence*, de Flemming Rose. Ou ainda: https://www.npr.org/2009/10/26/114000772/new-chapter-in-flap-over-2005-muhammad-cartoons

    https://www.huffpost.com/entry/muhammad-cartoons_b_1907545

16. Jacob Mchangama. (2018). *Three myths about free speech*. Palestra em FIRE Student Network Summer Conference. Disponível em: https://www.thefire.org/three-myths-about-free-speech-by-jacob-mchangama-fire-student-network-summer-conference-2018/

17. Jacob Mchangama. Ibid. A partir de cerca de 33:00.

18. Jonathan Rauch, op. cit., p. 180.

3. Quem adjudica?
(Quem decide o que é certo?)

1. O rabino Jonathan Sacks diz que "a glória do judaísmo é a sua cultura da discussão, pois ela é a busca colaborativa da verdade"; que os textos judaicos principais (como a Bíblia e o Talmude) são "antologias de discussões"; e que "a Divina Presença deve ser encontrada não em uma voz em oposição a outra, mas na totalidade da conversa". Em: Jonathan Sacks. (2019). "Argument for the sake of heaven". *Times of Israel*. Disponível em: https://blogs.timesofisrael.com/argument-for-the-sake-of-heaven-korach-5779/

O rabino Irwin Huberman diz que no judaísmo a discussão é o "passatempo nacional", e que "se tem uma característica que manteve o povo judeu vivo por mais de 3 mil anos é o nosso amor pelo debate, pela discussão, pela discordância". Em: Irwin Huberman (sem data). Blog da Congregation Tifereth Israel. Disponível em: https://www.ctionline.org/blog/why-jews-love-argue-532

Para um argumento mais longo sobre o assunto, veja-se Jonathan Sacks. (2009). *Future Tense: Jews, Judaism, and Israel in the Twenty-first Century.* Nova York: Schocken Books.

2. Como diz John Stuart Mill em *On Liberty*: "Para impedir que os membros fracos da comunidade se tornassem presas de inúmeros abutres era preciso ter um predador mais forte que o resto, encarregado de os manter sob controle. Mas como o rei dos abutres não seria menos inclinado a atacar o rebanho que qualquer uma das harpias [gaviões] menores, era indispensável estar numa atitude perpétua de defesa contra o seu bico e as suas garras. O objetivo dos patriotas, assim, era estabelecer limites ao poder que o governante deveria exercer sobre a comunidade; e essa limitação era o que eles queriam dizer por liberdade." John Stuart Mill. (1859). *On Liberty.* No original: "*To prevent the weaker members of the community from being preyed upon by innumerable vultures, it was needful that there should be an animal of prey stronger than the rest, commissioned to keep them down. But as the king of the vultures would be no less bent upon preying on the flock than any of the minor harpies, it was indispensable to be in a perpetual attitude of defence against his beak and claws. The aim, therefore, of patriots, was to set limits to the power which the ruler should be suffered to exercise over the community; and this limitation was what they meant by liberty.*" Disponível em: https://www.gutenberg.org/files/34901/34901-h/34901-h.htm

3. Michael Oakeshott. (1991). *Rationalism in Politics and other Essays.* Indianápolis: Liberty Fund. P. 388.

4. Arieh Neier. Op. cit. P. 146.

NOTAS

5. Nadine Strossen (2018). *Hate: why We Should Resist it with Free Speech, not Censorship.* Nova York: Oxford University Press. P. 87 e ss.

6. "What about the ACLU?". Artigo publicado em *Rhode Island Herald Magazine*, em 27 de abril de 1978. Disponível em: http://www.rijha.org/wp-content/uploads/voiceandherald/1978/1978-4-27.pdf

   David Goldberger. Carta aos associados da ACLU, 1978. Disponível em: https://www.aclu.org/letter/goldberger-letter-aclu-members

7. Como disse um personagem de Robert Heinlein: "A bondade sozinha nunca é suficiente. Uma sabedoria sólida e fria é necessária para que a bondade realize o bom. Bondade sem sabedoria sempre realiza o mal." No original: "*But goodness alone is never enough. A hard, cold wisdom is required for goodness to accomplish good. Goodness without wisdom always accomplishes evil*" Em Robert Heinlein. *Stranger in a Strange Land.* Penguin Publishing Group. Edição do Kindle.

8. Disponível em: https://www.pewresearch.org/fact-tank/2015/11/20/40-of--millennials-ok-with-limiting-speech-offensive-to-minorities/

9. Glenn Greenwald. (2017). "In Europe, Hate Speech Laws are Often Used to Suppress and Punish Left-Wing Viewpoints". *The Intercept.* Disponível em: https://theintercept.com/2017/08/29/in-europe-hate-speech-laws-are-often--used-to-suppress-and-punish-left-wing-viewpoints/

10. Para uma discussão de diversos casos na Europa, ver Paul Coleman. (2016). *Censored: how European "Hate Speech" Laws are Threatening Freedom of Speech.* Viena: Kairos.

11. Peter A. Zablotsky. (2012). "Considering the Libel Trial of Émile Zola in Light of Contemporary Defamation Doctrine". *Touro Law Review 29(1).* Disponível em: https://digitalcommons.tourolaw.edu/cgi/viewcontent.cgi?article=1387&context=lawreview

Um caso semelhante é o da professora Deborah Lipstadt, que em seu livro Denying the Holocaust criticou as posições negacionistas do historiador David Irving (no sentido real da palavra negacionista, ou seja, no sentido de negação do Holocausto). Por suas críticas, ela foi processada por David Irving por difamação (no Reino Unido, 2000). Ela acabou vencendo a ação, mas apenas depois de um longo e custoso processo. Além de um livro que ela escreveu sobre o processo (chamado Denial: Holocaust History on Trial), refiro o leitor também ao filme Denial (2016), dirigido por Mick Jackson e que dramatiza toda a história. Note-se que Deborah Lipstadt é uma defensora da Liberdade de Expressão, e é contrária a legislação que proíba a negação do Holocausto. Como ela afirma, ela não quer dar a políticos o poder de determinar o que pode ou não pode ser dito. Ela chegou inclusive a dizer que a prisão de David Irving em 2005 (preso na Áustria por negar o Holocausto) foi errada. Ver: https://www.thefire.org/so-to-speak-podcast-denying-the-holocaust/ (em especial entre 22:00 e 30:00).

Ver, ainda, sua participação em debate na Oxford Union: https://www.youtube.com/watch?v=pdhW93njJnE

12. Brenda Cossman et al. (1997). *Bad Attitude/s on Trial.* University of Toronto Press. P. 14.

13. Curiosamente, em inglês existe a expressão *"old wives' tale"*, a qual podemos traduzir por "conto de mulheres velhas" ou "conto de velhas", e que significa crença equivocada, falsa, supersticiosa. O dicionário *Merriam-Webster* registra que o primeiro uso da expressão foi feito em 1572. Menciono isso apenas pelas especulações possíveis (que delego ao leitor) dada a semelhança entre "conto de velha" e "tia do zap", a expressão atual para designar, de maneira depreciativa, a falta de conhecimento e de discernimento de pessoas "do povo". Ver: https://www.merriam-webster.com/dictionary/old%20wives%27%20tale

14. Catharine A. MacKinnon. (1989). *Toward a Feminist Theory of the State.* P. 197.

15. Ibid. P. 198.

NOTAS

16. Veja-se, por exemplo, o trabalho de Lynne Segal, em especial "Only the Literal: The Contradictions of Anti-pornography Feminism". *Sexualities*. 1998; 1(1):43-62. Ela tem ainda um bom artigo, sobre pornografia e violência, numa coletânea de artigos sobre feminismo anticensura da pornografia intitulada *Dirty Looks: Women, Pornography, Power* (1993), editado por Pamela Church Gibson e Roma Gibson.

    Veja-se, ainda, o livro *Sex Wars* (1995), de Lisa Duggan e Nan Hunter.
    Por fim, refiro o leitor a Nadine Strossen. (1993). "A feminist critique of 'the' feminist critique of pornography". *Virginia Law Review* (79)5.

17. Seção 163. Disponível em: https://laws-lois.justice.gc.ca/eng/acts/C-46/section-163.html.

18. Seção 2(b). Canadian Charter of Rights and Freedoms. Disponível em: https://laws-lois.justice.gc.ca/eng/const/FullText.html.

19. No Canadá, os casos criminais são intitulados *"R v. Nome do Réu"*, onde "R" refere-se a *rex* (rei) ou *regina* (rainha), e "v" refere-se a *versus*. Ou seja: trata-se de um processo criminal do estado (do governo) contra um réu.

20. Brenda Cossman et al. (1997). *Bad Attitude/s on Trial*. University of Toronto Press. P. 3.

21. Ibid. P. 4.

22. Ibid. P. 20.

23. Ibid. P. 4.

24. "A ruling inspired by US anti-pornography activists is used to restrict lesbian and gay publications in Canada". (1994). P. 4. Disponível em: https://www.hrw.org/reports/CANADA942.PDF.

UM PEQUENO TRATADO SOBRE A LIBERDADE DE EXPRESSÃO

Para uma discussão sobre a decisão, veja-se Cossman et al, op cit, p. 128 e seguintes.

E para uma visão recente da antipornografia no Canadá, veja-se Brenda Cossman. (2014). "Censor, resist, repeat: a history of censorship of gay and lesbian sexual representation in Canada". *Duke Journal of Gender Law & Policy* 21.

25. Decisão da Corte Superior de Ontário, disponível em: http://www3.sympatico.ca/toshiya.k.ncl/bad.htm

Tentei encontrar a decisão em algum outro tipo de suporte (por exemplo, publicada em livro), mas não consegui. O link acima foi obtido do verbete na Wikipédia: https://en.wikipedia.org/wiki/R_v_Glad_Day_Bookshops_Inc

26. "A ruling inspired by US anti-pornography activists is used to restrict lesbian and gay publications in Canada". (1994). P. 1. Disponível em: https://www.hrw.org/reports/CANADA942.PDF

27. Katie Rook. "Gay bookshop gives up the fight". The Globe and the Mail. 25/01/2005. Disponível em: http://www.theglobeandmail.com/news/national/gay-bookshop-gives-upthe-fight/article974623/.

28. https://www.mtsu.edu/first-amendment/article/375/american-booksellers--association-v-hudnut-7th-cir

29. Em Nadine Strossen. (1993). "A Feminist Critique of 'the' Feminist Critique of Pornography". *Virginia Law Review* 79 (5). P. 1106. E a juíza Sara Evans Baker disse que "em termos de alteração de padrões sociológicos, por mais necessária e desejável que seja essa alteração, a livre-expressão, ao invés de ser a inimiga, é uma aliada confiável e amplamente testada". Ibid. P. 1106.

30. *O Globo*. 26/11/2020. "Juiz bane Twitter de escritor por mensagem que fala em 'Bolsonaro enforcado com tripas de pastor da Universal'". Disponível em:

https://oglobo.globo.com/cultura/juiz-bane-twitter-de-escritor-por-mensagem-
-que-fala-em-bolsonaro-enforcado-com-tripas-de-pastor-da-universal-24766671

31. https://www.poder360.com.br/eleicoes/no-acre-bolsonaro-fala-em-fuzilar-a-
-petralhada-e-envia-los-a-venezuela/

32. https://noticias.r7.com/eleicoes-2018/guilherme-boulos-incita-invasao-a-casa-
-de-jair-bolsonaro-14102018

33. https://www.gazetadopovo.com.br/republica/breves/freixo-evento-
-pt-bolsonaro/

34. Essa mudança pelo diálogo de fato ocorre; veja-se o exemplo de Daryl Davis,
um músico negro que há 30 anos vem conversando com membros da KKK e já
convenceu mais de 200 pessoas a abandonar a organização e o racismo. Veja-se
o documentário *Accidental Courtesy: Daryl Davis, Race & America* (2016).

Outro caso emblemático é o de Megan Phelps-Roper. Ver: https://www.npr.
org/2019/10/09/768665099/granddaughter-of-westboro-baptist-church-foun-
der-chronicles-leaving-in-unfollow]

35. Em vídeo publicado no seu canal no YouTube, o humorista Rafinha Bastos
explicou essa razão de eficácia de maneira eloquente: "Se a pessoa não expõe
a sua ideia de merda, ela nunca vai saber que a ideia dela é uma bosta", e que
"a melhor maneira de expor a cretinice de alguém é deixando essa pessoa
falar". Rafinha Bastos. *Treta bizarra nos EUA e a liberdade de expressão.*
Vídeo do YouTube de 14/08/2017. Disponível em: https://www.youtube.com/
watch?v=cemhsHXFUF0

36. Glenn Greenwald, op. cit.

37. Ambrose Doskow e Sidney Jacoby. (1940). "Anti-semitism and the law in pre-nazi
Germany". *Contemporary Jewish Record.* Disponível em: https://www.bjpa.org/
content/upload/bjpa/4_an/4_Anti-Semitism_September-October_1940.pdf

UM PEQUENO TRATADO SOBRE A LIBERDADE DE EXPRESSÃO

38. Aryeh Neier, op.cit, p. 165. O cartaz dizia "dentre 2 bilhões de pessoas no mundo, apenas uma é proibida de falar na Alemanha".

39. Louis Kaplan. (2020). *At wit's end: the deadly discourse on the jewish joke.* Nova York: Fordham University Press.

40. Flemming Rose. *The Tyranny of Silence.* P. 83.

41. Guenter Lewy. (2016). *Harmful and Undesirable: Book Censorship in Nazi Germany.* Nova York: Oxford University Press.

42. Kara Ritzheimer, op. cit., p. 219.

43. William Shirer. (2011). *The Rise and Fall of the Third Reich.* Nova York: Simon & Schuster. P. 60 e 78. Na frase citada, a palavra "esquerdistas" está como "*liberals*" no original. Talvez "progressistas" ou "social-democratas" fossem traduções possíveis também, lembrando que o termo "*liberal*" no inglês norte- -americano atual significa alguém à esquerda (ao passo que no Brasil o termo ainda significa alguém adepto do liberalismo clássico, a despeito das tentativas de sua distorção no debate público contemporâneo).

44. "The Republic developed into an authoritarian state run by civil servants". Em Martin Broszat. (1981). *The Hitler State: the Foundation and Development of the Internal Structure of the Third Reich.* Nova York: Longman. P. 12.

45. Guenter Lewy, op. cit., p. 6.

46. Guenter Lewey, ibid.

47. Doskow e Jacoby. Op. cit. P. 509.

48. Robert Gerwarth. (2020). *November 1918: the German Revolution.* Oxford: Oxford University Press. Segundo Robert Gerwarth, "o futuro de Weimar estava amplamente aberto nos primeiros anos de existência da república, com as mesmas chances de fracasso ou sucesso". P. Ix.

No debate historiográfico, no entanto, essa ideia de que Weimar seria uma democracia promissora não é pacífica. Richard Evans afirma, por exemplo, que "Weimar era fraca em legitimidade política desde o início" (p. 102) e que mesmo no chamado "período de ouro" de Weimar (1924-8) seria uma "ilusão" acreditar que "a democracia estava no caminho de se estabelecer na Alemanha" (p. 96). Em Richard J. Evans. (2004). *The Coming of the Third Reich*. Nova York: The Penguin Press. Eu tendo a concordar com Evans, mas esse debate historiográfico mais detalhado escapa ao nosso objetivo aqui.

49. Aryeh Neier. (2019). Op. cit. P. 164. Na obra já citada, Richard Evans afirma que, ao ascender à liderança do Partido Nazista, Hitler passou a fazer uso da violência, como por exemplo para silenciar adversários. P. 180.

50. Harry Kessler. (1969). *Walther Rathenau: His Life and Work*. Nova York: Howard Fertig. P. 362.

51. William Shirer, op. cit., p. 60-61.

52. Eric Weitz. (2007). *Weimar Germany: Promise and Tragedy.* Princeton: Princeton University Press. P. 366.

53. Robert Gerwarth. (2020). Op. cit. P. 16.

54. Ibid. P. 167.

UM PEQUENO TRATADO SOBRE A LIBERDADE DE EXPRESSÃO

4. "O limite é a lei", o "paradoxo da tolerância" e outros sonambulismos

1. Roscoe Pound. (1916). "Equitable relief against defamation and injuries to personality". *Harvard Law Review* 29 (6). P. 651.

   Nessa mesma época, outros autores fizeram observações semelhantes. Ver, por exemplo, David Rabban, *Free Speech in Its Forgotten Years*, a partir da p. 189.

2. Segundo ele, é "absurdo dizer que punir um determinado ato não é uma redução da liberdade em se praticar o ato". Em Anthony Lewis. (2007). *Freedom for the Thought That We Hate: A Biography of the First Amendment.* Nova York: Basic Books. P. 16.

3. William Blackstone. "Commentaries on the Laws of England". Itálico no original. Disponível em: https://avalon.law.yale.edu/18th_century/blackstone_bk4ch11.asp

4. Para uma discussão sobre a posição de Blackstone, ver David Rabban. (1997). *Free Speech in Its Forgotten Years.* Cambridge: Cambridge University Press. E ainda Zechariah Chafee Jr. (1919). "Freedom of Speech in War Time". *Harvard Law Review* 32(8).

5. James Read. (2009). "Virginia Report of 1800". Disponível em: https://www.mtsu.edu/first-amendment/article/879/virginia-report-of-1800

6. Anthony Lewis. Op. cit. P. 26.

   Isso não significa, evidentemente, que já não houvesse mobilizações que buscavam efetivar a ampla Liberdade de Expressão, conforme definida na Primeira Emenda. A visão ampla realmente demorou para adentrar o mundo jurídico e receber a proteção dos tribunais, mas a mobilização já existia, inclusive entre abolicionistas, conforme mencionamos. Para exemplos disso, ver o livro mencionado de David Rabban (1997) e, ainda, Michael Curtis. (2000). *Free Speech, "The People's Darling Privilege": Struggles for Freedom of Expression in American History.* Durham: Duke University Press.

7. Karl Popper. (1966). *The Open Society and Its Enemies. V. 1.* Princeton: Princeton University Press. P. 265.

5. "Fogo!" e a Primeira Emenda americana

1. Para um resumo, veja-se o artigo na Wikipédia intitulado "Protestos durante o hino nacional dos EUA (2016–presente)". Disponível em: https://pt.wikipedia.org/wiki/Protestos_durante_o_hino_nacional_dos_EUA_(2016%E2%80%93presente)

2. J. Michael Bitzer. (2009). *Texas v. Johnson.* Disponível em: https://www.mtsu.edu/first-amendment/article/305/texas-v-johnson

Em outro caso no ano seguinte, desta vez envolvendo uma lei federal, a Suprema Corte manteve esse entendimento (*United States v. Eichman,* 1990). Hana M. Ryman e J. Mark Alcorn. (2009). "Flag desecration". Disponível em: https://mtsu.edu/first-amendment/article/1109/flag-desecration

3. Para uma excelente análise sobre as lições que se podem receber dos Estados Unidos, ver Ronaldo Porto Macedo Jr. (2017). "Liberdade de Expressão: que lições devemos aprender da experiência americana?". *Revista Direito GV* 13(1). P. 8. Disponível em: https://www.scielo.br/j/rdgv/a/tRnqx97GRkqny4L77J-FGBTx/abstract/?lang=en

UM PEQUENO TRATADO SOBRE A LIBERDADE DE EXPRESSÃO

4. Para essa história, ver Anthony Lewis, op. cit, p. 7 e ss.

É bacana que a Primeira Emenda, justamente a que defende a Liberdade de Expressão, seja a primeira das emendas; mas isso é apenas um acidente histórico. Na proposta original da Bill of Rights, de 1789, 12 emendas foram propostas, e essa era a terceira da lista; mas como as duas primeiras não foram ratificadas pelo número mínimo de estados à época, daí a memorável coincidência.

Para uma visão geral sobre a Liberdade de Expressão nos Estados Unidos eu recomendo, além desse livro de Lewis, o documentário *Shouting Fire: Stories from the Edge of Free Speech*, de 2009.

5. Anthony Lewis. Ibid. P. 11 e ss.

Thomas Healy. (2013). *The Great Dissent: How Oliver Wendell Holmes Changed His Mind – and Chenged the History of Free Speech in America*. Nova York: Metropolitan Books. P. 55.

6. Citado em Anthony Lewis. Ibid. P. 16.

Muitos anos depois, no caso *New York Times v. Sullivan* (1964), a Suprema Corte americana afirmou que "declaração errônea é inevitável em debate livre (...) e deve ser protegida para que as liberdades de expressão tenham o espaço para respirar de que necessitam para sobreviver". Ibid. P. 17.

7. Anthony Lewis. Ibid. P. 15.

8. Para mais detalhes, ver Ken Kersch. (2003). *Freedom of Speech: Rights and Liberties Under the Law*. Santa Barbara: ABC-CLIO. P. 112 e ss.

9. Citado em Kersch, ibid, p. 116.

10. No original: "*a man in a crowded auditorium, or any theatre, who yells 'fire' and there is no fire, and a panic ensues and someone is trampled to death, may be rightfully indicted and charged with muder*". Em Thomas Healy, *The Great Dissent*, p. 91.

11. Para mais exemplos da época, ver *Frohwerk v. United States* (1919) e *Sugarman v. United States* (1919).

12. Thomas Healy. (2013). *The Great Dissent: How Oliver Wendell Holmes Changed His Mind – and Chenged the History of Free Speech in America*. Nova York: Metropolitan Books.

13. Para uma discussão das razões de Wilson, veja-se Eugene Trani. (1976). "Woodrow Wilson and the decision to intervene in Russia: a reconsideration". *The Journal of Modern History* 48(3).

E ainda: Erick Trickey. (2019). "The forgotten story of the American troops who got caught up in the Russian Civil War". *Smithsonian Magazine*. Disponível em: https://www.smithsonianmag.com/history/forgotten-doughboys-who-died-fighting-russian-civil-war-180971470/

14. Original disponível em https://www.law.cornell.edu/supremecourt/text/250/616

Para traduzir para o português, cotejei com a tradução de Augusto Tanure. (2021). "A tolerância e a liberdade de expressão como possibilidade de cura do discurso de ódio". Tese de Mestrado. PUC-MG. Disponível em: http://www.biblioteca.pucminas.br/teses/Direito_AugustoLacerdaTanure_19144_Textocompleto.pdf

15. Por exemplo, em *West Virginia State Board of Education v. Barnette* (1943), entendeu-se que não se pode obrigar estudantes a saudar a bandeira.

16. Como, por exemplo, em *Gitlow v. New York* (1925).

17. Nadine Strossen em comentário feito no programa *Landmark Cases, Brandenburg v. Ohio*, C-SPAN. Disponível em: http://landmarkcases.c-span.org/Case/23/Brandenburg-v-Ohio

Para quem quiser estudar os grandes casos da Suprema Corte americana, recomendo os demais episódios da série.

18. Grifo meu. O voto pode ser consultado em https://www.law.cornell.edu/supremecourt/text/274/357

19. Anthony Lewis, op. cit., p. 39.

20. https://www.mtsu.edu/first-amendment/article/55/de-jonge-v-oregon

21. *Herndon v. Lowry* (1937).

22. Anthony Lewis, op.cit., p. 111.

23. Muito embora o "pavor vermelho" tenha apresentado um lado histérico, exagerado e autoritário (cujo maior exemplo é o trabalho do senador Joseph McCarthy), não se pode esquecer que havia uma ameaça real, com casos comprovados de espionagem. Para o leitor interessado na história, recomendo *Witness*, autobiografia de Whittaker Chambers.

24. Moriel Rothman-Zecher. (2020). "The upside of *Brandenburg v. Ohio*". *The Paris Review*. Disponível em: https://www.theparisreview.org/blog/2020/01/06/the-upside-of-brandenburg-v-ohio/

25. C-SPAN, op. cit., em cerca de 33:00.

26. O áudio do debate encontra-se disponível em https://www.oyez.org/cases/1968/492

27. Rothman-Zecher, op. cit.

28. *Hess v. Indiana.* (1973). Ver: https://www.mtsu.edu/first-amendment/article/461/hess-v-indiana

29. *NAACP v. Claiborne Hardware Co.* (1982). Ver: https://www.mtsu.edu/first-amendment/article/288/naacp-v-claiborne-hardware-co

30. Sobre o tema, veja-se o discurso de Obama na ONU, em que afirmou que "a arma mais forte contra discurso de ódio não é a repressão; é mais discurso". Disponível em: https://www.nytimes.com/2012/09/26/opinion/president-obama-at-the-un.html

31. Para uma análise de *Brown v. Entertainment Merchants Association* (2011), um dos principais casos sobre videogame e Liberdade de Expressão, ver Nilay Patel. (2011). "Supreme Court says video games are protected free speech, California can't regulate sales of violent games: a complete analysis". *The Verge.* Disponível em: https://www.theverge.com/2011/6/27/2515183/supreme-court-video-games-protected-free-speech-analysis

32. Ver *History of Comics Censorship.* Disponível em: http://cbldf.org/resources/history-of-comics-censorship/history-of-comics-censorship-part-1/

33. Como se alegou com relação a música de Ozzy Osbourne. Ver Collins, Creeley e Hudson. (2019). *First Things First: a Modern Coursebook on Free Speech Fundamentals.* Philadelphia: FIRE. P. 289 e ss.

34. Chuck Phillips. (1992). "Music to kill cops? Rap song blamed in Texas Trooper's death". *The Washington Post.* Disponível em: https://www.washingtonpost.com/archive/lifestyle/style/1992/09/20/music-to-kill-cops-by-rap-song-blamed-in-texas-troopers-death/20b49755-7835-4cb0-a53a-d78ccf65f9a7/

35. Robert Firestre e Kendall T. Jones. (2000). "Catchin' the heat of the beat: First Amendment analysis of music claimed to incite violent behavior". *Loyola of Los Angeles Law Review* 20(1). Disponível em: https://digitalcommons.lmu.edu/cgi/viewcontent.cgi?article=1392&context=elr&

36. "Sem dúvida, nenhum outro gênero musical atraiu mais a ira dos censores do que o rap". Collins, Creeley e Hudson, op. cit., p. 293.

E ainda: "Há uma nova forma de policiamento e de tomada de decisão persecutória que é tão perigosa quanto inconstitucional. Ela envolve promotores utilizando videoclipes de rap amador – às vezes com escassa evidência adicional – para processar e condenar homens negros." Donald Tibbs e Shelly Chauncey. (2016). "From slavery to hip-hop: punishing black speech and what's 'unconstitutional' about prosecuting young black men through art". *Washington University Journal of Law & Policy 52.* Disponível em: https://openscholarship. wustl.edu/cgi/viewcontent.cgi?article=1942&context=law_journal_law_policy

37. Jonathan Rauch, op. cit., p. 16.

6. Incitação à violência, ameaça e outros limites aceitáveis

1. No jargão da linguística, diríamos que precisamos ir além da semântica, que é a interpretação das palavras de maneira circunscrita à frase, e alcançar a pragmática, que é a interpretação do sentido das palavras dentro do contexto social em que foram ditas.

2. Corte Distrital, Distrito Norte de Illinois, 1978. Disponível em: https://law. justia.com/cases/federal/district-courts/FSupp/447/676/1621085/

3. Ou ainda "palavras de luta", conforme Júlio César Casarin Barroso Silva. (2015). "Liberdade de expressão e expressões de ódio". *Revista Direito GV* 11 (1). Disponível em: https://www.scielo.br/j/rdgv/a/hr3S5pFywTmcQTbNVyRyDmL

NOTAS

4. Ver, por exemplo, *Chaplinsky v. New Hampshire* (1942).

5. Aryeh Neier, op. cit, p. 52.

6. *Village of Skokie v. National Socialist Party of America* (1978). Disponível em: https://law.justia.com/cases/illinois/supreme-court/1978/49769-6.html

7. Esse fenômeno em que alguém causa distúrbio alegando ter sido provocado por outro para assim silenciar esse outro chama-se de *"heckler's veto"*. Veja-se Patrick Schmidt. (2009). "Heckler's Veto". Disponível em: https://www.mtsu.edu/first-amendment/article/968/heckler-s-veto

8. *Xingar o presidente é liberdade de expressão? – Papo de Expressão com André Marsiglia.* (2021). Disponível em: https://www.youtube.com/watch?v=nn7w_uON1tc

9. Precisamente o caso, aliás, de *Watts v. United States* (1969).

10. David Baugh, advogado de Barry Black (líder da KKK), é negro, e disse para o júri que ele sabe que a KKK odeia negros, mas que "na América nós temos o direito de odiar". Ele disse ainda que aceitou a KKK como cliente porque "não podemos nos permitir qualquer erosão da Primeira Emenda". Em: https://www.latimes.com/archives/la-xpm-1999-jun-24-mn-49690-story.html

Para o leitor interessado nesse aparente "conflito", recomendo bastante ver um vídeo em que o próprio Baugh explica a sua visão sobre o caso e por que aceitou defender Barry Black. Disponível em: https://web.law.duke.edu/voices/virginia/

11. Para um resumo do caso, ver https://www.mtsu.edu/first-amendment/article/271/virginia-v-black

12. *Bollea v. Gawker* (2016).

UM PEQUENO TRATADO SOBRE A LIBERDADE DE EXPRESSÃO

13. Veja-se, por exemplo, *Bartnicki v. Vopper* (2001).

14. Como afirmam Collins, Creeley e Hudson, "dada a centralidade da reputação em nossas identidades social, profissional e emocional, o fato de que seres humanos estejam preocupados com difamação por milênios talvez não seja surpreendente". Em Collins, Creeley e Hudson, ibid., p. 136.

15. Guilherme Nucci. (2016). Conceitos de calúnia, difamação e injúria. Disponível em: https://www.youtube.com/watch?v=bp6J8YZEqDM

16. Um dos casos principais sobre o tema no direito americano é o *New York Times v. Sullivan* (1964).

Para uma análise sobre reputação, ver também Clarissa Piterman Gross. (2016). "Os fundamentos do direito à reputação em uma democracia liberal igualitária". *Anais do II Seminário Governança das Redes e o Marco Civil da Internet*. P. 255.

17. ONU. (2020). *United Nations Strategy and Plan of Action on Hate Speech Detailed – Guidance on Implementation for United Nations Field Presences*. P. 33. Disponível em: https://www.un.org/en/genocideprevention/documents/UN%20Strategy%20and%20PoA%20on%20Hate%20Speech_Guidance%20on%20Addressing%20in%20field.pdf

E também: ONU. Human Rights Committee (2011). "General comment No. 34". P. 12. Disponível em: https://www2.ohchr.org/english/bodies/hrc/docs/gc34.pdf

18. Este relatório é um bom ponto de partida para se entender a necessidade de descriminalização da difamação. Artigo 19. "Difamação e Liberdade de Expressão: uma versão sumarizada do ABC da Difamação". Disponível em: https://artigo19.org/wp-content/blogs.dir/24/files/2012/10/abcd-1-1.pdf

NOTAS

19. Para uma excelente análise da guerra de narrativas no Brasil contemporâneo, ver Luciano Trigo. (3028). *Guerra de Narrativas: a Crise Política e a Luta pelo Controle do Imaginário.* Rio de Janeiro: Globo Livros. E para uma defesa da tese da democracia como uma disputa retórica para transição pacífica de poder, ver Scott Welsh. (2012). *The Rhetorical Surface of Democracy: How Deliberative Ideals Undermine Democratic Politics.* Lanham: Lexington Books.

20. Esse tema é estudado em diversas áreas, e com alguns nomes diferentes como *"problem definition"* e *"framing"*. Na disciplina de política pública veja-se, por exemplo, David Rochefort e Roger Cobb (eds). (1994). *The Politics of Problem Definition.* Lawrence: University Press of Kansas.

Na disciplina de retórica, veja-se Gerard Hauser. (2002). *Introduction to Rhetorical Theory.* Long Grove: Waveland.

Na minha opinião a obra de arte do tema é o excepcional estudo de Joseph Gusfield, que explica como essa disputa por definição e enquadramento influenciou a política pública relacionada a direção alcoolizada nos EUA. Joseph Gusfield. (1981). *The Culture of Public Problems: Drinking-driving and the Symbolic Order.* Chicago: The University of Chicago Press.

21. É o "dilema do censor", sobre o qual comentamos anteriormente, de Robert Corn-Revere. Op. cit.

22. Mesmo Jeremy Waldron, por exemplo, que defende a proibição do discurso de ódio, entende que o objetivo dessa proibição seria proteger a dignidade de uma pessoa, mas nunca blindar a pessoa de uma ofensa. Jeremy Waldron. (2012). *The Harm in Hate Speech.* Cambridge: Harvard University Press. P. 105 e ss.

23. Jonathan Rauch, ibid., p. 158.

24. O leitor sensato não desperdiçará seu tempo lendo esta nota, mas como pensei, deixo o registro: alguém poderia argumentar que o uso consagrado da expressão "crime de opinião" refere-se à criminalização da opinião política,

UM PEQUENO TRATADO SOBRE A LIBERDADE DE EXPRESSÃO

e não incluiria a criminalização do discurso de ódio; pode até ser, mas daí eu diria que, como esse argumento comprime o sentido de "crime de opinião" apenas pelo hábito linguístico, não precisaríamos dispensar a palavra "opinião"; bastaria modificarmos a outra parte da expressão, para que assim ela se emancipe do hábito e tenha um valor original por si mesma – como, por exemplo, modificando-a para "crime relacionado a opinião" ou "criminalização da opinião".Isso não é crime de opinião! Tudo bem, então é crime relacionado a opinião; está bom para você?

25. André Marsiglia. (2021). *Qual o limite da opinião? O caso Monark – Pílulas de Expressão.* Disponível em: https://www.youtube.com/watch?v=NfGQQWxybUA

26. O leitor sensato fará bem em ignorar também esta nota, mas como passou pela mente, deixo-a aqui: talvez um jurista dissesse que a legítima defesa não modifica o status jurídico da vida do agressor, mas sim o status jurídico da ação em si, por meio do chamado excludente de ilicitude. Mas ora, o status jurídico de uma ação contra uma vida não seria predicado no status jurídico conferido a essa vida? Do contrário, por que se exclui a ilicitude?

27. Um dos clássicos do tema é o Mari Matsuda, Charles Lawrence III, Richard Delgado e Kimberlè Crenshaw. (1993). *Words that Wound: Critical Race Theory, Assaultive Speech, and the First Amendment.* Boulder: Westview.

28. Esta é mais uma área em que a propriedade pública acaba introduzindo problemas de adjudicação; quem define não é mais quem administra, mas sim o poder jurídico ou a população por meio do voto majoritário. Para uma discussão (breve) do problema da propriedade pública e liberdade de expressão, veja-se Ayn Rand. (1971). *The New Left: the Anti-industrial Revolution.* Nova York: Signet. Pp. 42-43.

29. *O riso dos outros* (Pedro Arantes, 2012); *The last laugh* (Ferne Pearlstein, 2016); Liat Steir-Livny. (2017). *Is it OK to Laugh About it?: Holocaust Humour, Satire and Parody in Israeli Culture.* Londres: Vallentine Mitchell.

NOTAS

30. https://www.gazetadopovo.com.br/vida-e-cidadania/justica-anula-condena-cao-danilo-gentili-processo-movido-pela-deputada-maria-do-rosario/

31. Em entrevista de 2019, Léo Lins disse que teve problemas para fazer seu show em 25 cidades. Disponível em: https://jovempan.com.br/programas/panico/entrevista-leo-lins.html

32. https://entretenimento.r7.com/famosos-e-tv/rafinha-bastos-e-condenado-a-pagar-r-150-mil-a-familia-de-wanessa-camargo-06102019

33. https://www.youtube.com/watch?v=buC4LZA9y3I

Agradeço ao Rafael Rota Dal Molin por ter-me apresentado essa ideia.

34. https://www.npr.org/2018/04/26/605297774/mel-brooks-says-its-his-job-to--make-terrible-things-entertaining

35. https://twitter.com/rickygervais/status/847398023680245760

36. Lea Maria Jahn. "Brazil as a 'Gringa'". Disponível em: https://www.youtube.com/watch?v=79DbMPoSYjY

Alguns poderão dizer que a piada não tem como alvo os nazistas, mas sim o preconceito que alguns teriam com o alemão de hoje. Não há razão para debater isso aqui, pois uma coisa é certa: o alvo da sua piada não eram os judeus nem nenhuma outra vítima do Holocausto, o que já basta para a nossa análise: cenário e alvo da piada eram diferentes.

37. https://www.avclub.com/mel-brooks-on-how-to-play-hitler-and-how-he-almost-die-1798235157

7. Por que gosto do terraplanismo

1. Dirigido por Daniel Clark. https://www.imdb.com/title/tt8132700/

2. John Milton. (2011). *Milton's Selected Poetry and Prose.* Nova York: W. W. Norton. P. 350.

3. John Milton, ibid., p. 351.

4. John Milton. (2011). *Milton's Selected Poetry and Prose.* Nova York: W. W. Norton. P. 365.

5. John Stuart Mill. *On Liberty.* Disponível em: https://www.gutenberg.org/files/34901/34901-h/34901-h.htm

6. David Hull. (1988). *Science as a Process.* P. 26.

7. Karl Popper. (1996). *Conjectures and Refutations: the Growth of Scientific Knowledge.* Londres: Routledge. P. 36.

8. https://royalsociety.org/about-us/history/

9. Charles Sanders Peirce. (1992*). Reasoning and the Logic of Things.* Cambridge: Harvard University Press. P. 178.

10. Jonathan Rauch, ibid., p. 45.

11. É impossível abordarmos o assunto aqui com a profundidade necessária, mas deixo três importantes referências sobre o tema:

David Guston. (2000). *Between Politics and Science: Assuring the Integrity and Productivity of Reseach.* Cambridge: Cambridge University Press.

Paula Stephan. (2012). *How Economics Shapes Science*. Cambridge: Harvard University Press.

Sheila Jasanoff. *The Fifth Branch: Science Advisers as Policymakers*. Cambridge: Harvard University Press.

12. Tzvi Freeman. "How the Science of Racism Led to the Holocaust". Disponível em: https://www.chabad.org/library/article_cdo/aid/1831991/jewish/How--the-Science-of-Racism-Led-to-the-Holocaust.htm

13. Os experimentos de Milgram são conhecidos e o leitor não terá dificuldades em encontrar descrições e vídeos na internet. Em linhas gerais, os experimentos testaram o quanto pessoas normais seriam capazes de, motivadas por uma pessoa em posição de autoridade, obedecer a ordens que causariam dor direta em outras pessoas. Os resultados indicam que, infelizmente, muitas pessoas acabam aquiescendo à autoridade. Para um estudo sobre como pessoas normais acabaram-se tornando soldados assassinos durante o Holocausto, ver o excepcional Christopher Browning. (2017). *Ordinary Men: Reserve Police Battalion 101 and the Final Solution in Poland*. New York: Harper.

14. Mark Levine et al. (2019). "Pertinent Today: What Contemporary Lessons Should be Taught by Studying Physician Participation in the Holocaust?" *Conatus* 4(2). P. 291.

15. Michael Burleigh e Wolfgang Wippermann. (1991). *The Racial State: Germany 1933-1945*. Cambridge: Cambridge University Press. P. 51.

16. George J. Stein. (1988). "Biological Science and the Roots of Nazism." *American Scientist* 76(1). P. 51.

17. Alan Steinweis. (2006). *Studying the Jew: Scholarly Antisemitism in Nazi Germany*. Cambridge: Harvard University Press. P. 9.

18. Há uma ampla literatura sobre a conexão entre racismo científico e o Holocausto. Além dos já citados, veja-se o trabalho de Richard F. Wetzell, em *Beyond the*

Racial State: Rethinking Nazi Germany e em palestra disponível em: https://www.youtube.com/watch?v=ld5q9p1zHZw.

Veja-se, ainda, bibliografia sobre o tema publicada pelo Museu do Holocausto dos Estados Unidos: https://www.ushmm.org/collections/bibliography/nazi-racial-science

19. CDC. "The Tuskegee Timeline". Disponível em: https://www.cdc.gov/tuskegee/timeline.htm

    E ainda: https://apnews.com/article/business-science-health-race-and-ethnicity-syphilis-e9dd07eaa4e74052878a68132cd3803a

20. https://www.npr.org/2007/11/10/5470430/timeline-the-rise-and-fall-of-vioxx

21. https://www.hhs.gov/about/news/2017/10/26/hhs-acting-secretary-declares-public-health-emergency-address-national-opioid-crisis.html

22. https://www.nytimes.com/2018/05/29/health/purdue-opioids-oxycontin.html

23. https://www.dw.com/en/berlin-authorities-placed-children-with-pedophiles-for-30-years/a-53814208

    E ainda: https://www.newyorker.com/magazine/2021/07/26/the-german--experiment-that-placed-foster-children-with-pedophiles

24. https://video.foxnews.com/v/6137596907001#sp=show-clips

25. https://www.cbsnews.com/news/preventing-coronavirus-facemask-60-minutes-2020-03-08/

26. Uso ciência entre aspas não para debochar da ciência, mas para referir o uso narrativo, propagandístico, em especial daqueles que a querem tratar como oráculo infalível e álibi para a autocracia.

27. https://time.com/5794729/coronavirus-face-masks/

28. Ibid.

29. https://www.npr.org/sections/coronavirus-live-updates/2020/04/03/826219824/president-trump-says-cdc-now-recommends-americans-wear-cloth-masks-in-public

30. *That's the way science works: Fauci fires back at critics.* Disponível em: https://www.youtube.com/watch?v=13fsebvr8Fo

31. https://www1.folha.uol.com.br/colunas/atila-iamarino/2021/01/autoritarismo-necessario.shtml

32. https://saidapeladireita.blogfolha.uol.com.br/2021/01/15/artigo-uma-resposta-a-atila-iamarino/

33. Karl Popper, ibid., p. 6.

34. Karl Popper, ibid., p. 5.

35. Karl Popper, ibid., p. 348. E para uma análise detalhada, que diferencia o iluminismo francês (e sua ênfase na razão) do iluminismo britânico e americano, ver Gertrude Himmelfarb. (2004). *The Roads to Modernity: the British, the French, and American Enlightenments.* Nova York: Alfred Knopf.

36. Karl Popper, ibid., p. 7.

37. Karl Popper, ibid., p. 8.

38. Karl Popper, ibid., p. 8.

UM PEQUENO TRATADO SOBRE A LIBERDADE DE EXPRESSÃO

39. *Neil deGrasse Tyson's Thoughts on Transgenderism.* Disponível em: https://www.youtube.com/watch?v=w89etN8QqNQ

40. https://twitter.com/neiltyson/status/1381197292728942595

41. Como exemplo extremo, veja-se o lysenkoismo na União Soviética. Sobre a participação de Stalin, ver Kirill Rossianov. (1993). "Editing Nature: Joseph Stalin and the 'New' Soviet Biology". *Isis* (84)

42. Da mesma maneira, há pessoas que entendem que o aquecimento global é um problema tão sério, mas tão sério, que talvez seja aceitável que se o resolva por vias autoritárias. Então se eu quero preservar a Democracia, devo ignorar toda e qualquer afirmação sobre aquecimento global, para assim evitar essas escaladas autoritárias?

Veja-se, por exemplo, Ross Mittiga. (2021). "Political Legitimacy, Authoritarianism, and Climate Change". *American Political Science Review.*

8. Democracia e o gambito da Liberdade de Expressão

1. Conquest, Robert. *Reflections on a Ravaged Century.* Nova York: W. W. Norton & Company, 2000. P. 25. Robert Conquest usa a expressão *"rule of law"*, cuja tradução usual ("estado de direito") não permite o contraste conceitual entre *"rule of law"* e democracia formal. Por isso, preferi traduzir *"rule of law"* por "governo da lei" (acompanhando, por exemplo, Correas C. I. M. e Bonaldo, F. 2016. Notas sobre governo do direito, ética das virtudes e direitos humanos. *Questio Iuris* 9(01)). Aproveito para agradecer ao professor Frederico Bonaldo por me sugerir essa tradução.

NOTAS

2. *Gazeta do Povo.* (2021). "TSE atua como juiz e vítima ao sufocar financeiramente canais de direita". Disponível em: https://www.gazetadopovo.com.br/vida-e-cidadania/tse-atua-como-juiz-e-vitima-ao-sufocar-financeiramente-canais-de-direita/?ref=link-interno-materia

   Veja-se, ainda, entrevista do cientista político Fernando Schüler em https://www.gazetadopovo.com.br/vida-e-cidadania/stf-pode-perder-legitimidade-com-atos-de--censura-diz-cientista-politico/

   E ainda: https://www1.folha.uol.com.br/poder/2021/08/tse-proibe-redes--sociais-de-repassarem-dinheiro-a-paginas-bolsonaristas-investigadas-por-fake-news.shtml

   E: https://www1.folha.uol.com.br/poder/2021/08/decisao-do-tse-contra--canais-bolsonaristas-tem-controversia-e-entraves-diante-de-situacao-inedita.shtml

3. https://www.camara.leg.br/noticias/525981-EM-SESSAO-SOLENE,-CAMARA-CELEBRA-OS-CEM-ANOS-DA-REVOLUCAO-RUSSA

4. *PLENÁRIO – 100 anos da Revolução Russa | 24/10/2017 – 09:32.* Disponível em: https://www.youtube.com/watch?v=pFPv5z6c024 (em 38:00).

5. Richard Pipes. (2001). *Communism: a History.* Nova York: Modern Library.

6. Stéphane Courtois. (2016). *O Livro Negro do Comunismo: Crimes, Terror e Repressão.* Rio de Janeiro: Bertrand Brasil. P. 16.

7. Câmara dos Deputados. *Câmara realiza sessão solene pelos 100 anos da Revolução Russa – 24/10/2017.* Disponível em: https://www.youtube.com/watch?v=tBzU4hPp8kQ (em cerca de 2:30).

8. Robert Conquest. (1986). *The Harvest of Sorrow: Soviet Collectivization and the Terror-Famine.* Nova York: Oxford University Press. P. 4.

UM PEQUENO TRATADO SOBRE A LIBERDADE DE EXPRESSÃO

9. Anne Applebaum. (2017). *Red Famine: Stalin's War on Ukraine*. Nova York: Doubleday. P. xxvi.

Ver também: Miron Dolot. (1987). *Exection by Hunger: the Hidden Holocaust*. Nova York: W. W. Norton.

O leitor interessado poderá ver, também, o filme *Mr. Jones* [*A Sombra de Stalin*] (2019).

10. Martin Malia. (1994). *The Soviet Tragedy: a History of Socialism in Russia, 1917-1991*. Nova York: The Free Press. P. 503.

11. Martin Malia, ibid., p. 499.

12. Martin Malia, ibid., p. 503.

13. Sobre o assunto, além das obras citadas, recomendo ao leitor *The Devil in History* [*O Diabo na História*], de Vladimir Tismaneanu; e *Last Exit to Utopia* [*A Grande Parada*], de Jean-François Revel.

14. Aryeh Neier, op. cit., p. 170.

15. No caso da marcha nazista em Skokie, Aryeh Neier diz que todos os envolvidos no caso (e que mantiveram a Liberdade de Expressão dos neonazistas) derrotaram os nazistas "preservando a legitimidade da democracia americana". Ibid. P. 171.

16. Ibid. P. 200. Itálico no original.

17. https://www1.folha.uol.com.br/cotidiano/2018/03/assassinatos-em-serie-de--politicos-indicam-uma-colombizacao-no-pais.shtml

18. A definição de "políticos" no estudo é ampla, e envolve "ocupantes de cargos públicos eletivos, lideranças que já foram eleitas, candidatos, pré-candidatos

e funcionários de governos municipais e estaduais". De todo modo, a matéria informa que "73% são vereadores, ex-vereadores ou postulantes a vagas em câmaras municipais". Disponível em: https://oglobo.globo.com/politica/eleicoes-2020/politica-silenciada-serie-revela-que-um-politico-morre-cada-semana-no-brasil-veja-historia-por-tras-de-cada-caso-1-24735254

19. O leitor verá aqui minha inspiração em *Descentralização e Liberdade*, de Hélio Beltrão. Como ele diz: "O que tradicionalmente temos visto no Brasil é que cada governo novo, cada ministro novo, cada diretor novo, cada chefe de serviço novo, assume o cargo convencido de que o que está faltando é um novo plano, uma nova e brilhante concepção, uma fórmula mágica que a ninguém ocorreu antes. E o que realmente surge, na maioria dos casos, é a criação de um novo órgão, uma nova autarquia, uma nova empresa pública. Ora, quem conhece Administração Pública sabe que, quase sempre, o que é preciso apurar é a razão do insucesso dos planos existentes, o que implica o esforço humilde de descer aos fatos e examinar a máquina." Mas há no Brasil "muito pouca gente com paciência de mecânico e gente demais querendo descobrir a pólvora". Hélio Beltrão. (2002). *Descentralização e Liberdade*. Brasília: Editora UNB. P. 54.

20. Hélio Beltrão, ibid., p. 53.

21. Lee Harris. (2010). *The Next American Civil War: the Populist Revolt Against the Liberal Elite*. Nova York: Palgrave. P. 6.

22. Zechariah Chafee Jr. (1919). "Freedom of speech in war time". *Harvard Law Review* (32)8.

23. Ronald Dworkin. (2006). "The right to ridicule". Disponível em: https://www.nybooks.com/articles/2006/03/23/the-right-to-ridicule

24. Aryeh Neier, op. cit., p. 136.

9. Mídias: tecnologias da liberdade, esperneios da vanguarda

1. Machado de Assis. (1859). "A reforma pelo jornal". Disponível em: https://machadodeassis.ufsc.br/obras/cronicas/CRONICA,%20A%20reforma%20pelo%20jornal,1859.htm

2. Frank Baum. (2009). *The Wizard of Oz*. Londres: Collector's Library. P. 126.

3. Parte do vocabulário que uso aqui (como "ecossistema de informação") é de Daniel Schmachtenberger (cujo trabalho me foi apresentado por Mario Henrique Viana, a quem agradeço). Ao leitor interessado no tema, recomendo verificar o seu vídeo *The War on Sensemaking*. Disponível em: https://www.youtube.com/watch?v=7LqaotiGWjQ

4. Para uma análise sobre legitimação como explicação e justificação, ver Peter Berger e Thomas Luckmann. (1967). *The Social Construction of Reality: a Treatise in the Sociology of Knowledge*. P. 93.

5. Elizabeth Eisenstein. (1993). *The Printing Revolution in Early Modern Europe*. Nova York: Canto. P. 154 e ss.

6. Elizabeth Eisenstein, ibid., p. 148.

7. Carlos Eire. (2016). *Reformations: The Early Modern World, 1450-1650*. New Haven: Yale University Press. P. xiii.

8. Norman Davies. (1996). *Europe: a History*. Oxford: Oxford University Press. P. 494.

9. Norman Davies, ibid., p. 506.

Aproveito para agradecer a Martin Gurri e Felipe França, por terem me alertado e compartilhado as suas visões sobre a conexão entre o advento da prensa móvel e as guerras religiosas da época.

Diversos autores têm feito comparações entre a prensa móvel e as redes sociais. Veja-se, por exemplo, James Dewar. (1998). "The Information Age and the Printing Press: Looking Backward to See Ahead". RAND Corporation. Disponível em: https://www.rand.org/pubs/papers/P8014.html

10. Eisenstein, ibid., p. 158.

11. Julia C. Crick; Alexandra Walsham (2004). *The uses of script and print, 1300–1700*. Cambridge University Press. P. 20

12. Eisenstein, ibid., p. 158.

13. Eisenstein, ibid., p. 160-1.

Veja-se também: "As ansiedades em torno da publicação de traduções da Bíblia, entre os primeiros protestantes e também entre católicos medievais e tridentinos, atestam o reconhecimento de que a prensa tinha a capacidade para retirar conhecimento sagrado e exegese de escrituras das mãos da elite clerical e para criar, como nunca antes, um sacerdócio de todos os crentes." Em: Julia C. Crick; Alexandra Walsham. (2004). *The Uses of Script and Print, 1300–1700*. Cambridge University Press. P. 20.

14. Eisenstein, ibid., p. 173.

15. Eric Berkowitz. (2021). *Dangerous Ideas: A Brief History of Censorship in the West, from the Ancients to Fake News*. Boston: Beacon Press. P. 73.

16. Eisenstein, ibid., p. 177.

17. Norman Davies, ibid., p. 260-1.

Mesmo na Inglaterra, por exemplo, o livro *Lady Chatterley's Lover*, de D. H. Lawrence, foi proibido e sua comercialização somente foi autorizada após julgamento ocorrido em 1960. Ver: https://www.birmingham.gov.uk/info/50138/leisu-re_and_learning/1435/censored_-_the_books_they_didnt_want_us_to_read

18. Marshall McLuhan. (1994). *Understanding Media: the Extensions of Man.* Cambridge: The MIT Press. P. 7.

19. Para um debate sobre McLuhan, e que aborda esse tema da abstração de sua teoria, ver Raymond Rosenthal. (1968). *McLuhan: Pro & Con.* Nova York: Funk & Wagnalls.

20. Joshua Meyrowitz. (1985). *No Sense of Place: the Impact of Electronic Media on Social Behavior.* Nova York: Oxford University Press. P. 4.

21. Joshua Meyrowitz, ibid., p. 5.

22. Joshua Meyrowitz, ibid., p. 64.

23. Josha Meyrowitz, ibid., p. 161.

24. Ithiel Pool. (1983). *Technologies of Freedom: on Free Speech in an Electronic Age.* Cambridge: The Belknap Press. Trata-se de mais um título de que me apropriei para intitular um capítulo.

25. Agradeço ao Arthur Doria por me apresentar essa interpretação da música.

26. Martin Gurri. (2018). *The Revolt of the Public and the Crisis of Authority in the New Millennium.* São Francisco: Stripe. P. 175.

O trabalho de Martin Gurri é excepcional, e ajuda a entender as revoltas populares dos últimos anos, inclusive a do Brasil em 2013. Essa discussão, no entanto, foge ao tema deste livro.

27. Joshua Meyrowitz, ibid., p. 164.

NOTAS

28. Joshua Meyrowitz, ibid., p. 166.

29. Vejam-se, por exemplo: Westen, Tracy. 1998. "Can technology save democracy?" *National Civic Review* 87(1).

Mergel, I. (2013). *Social Media in the Public Sector: a Guide to Participation, Collaboration and Transparency in the Networked World*. San Francisco: Jossey-Bass.

Chun, S. A.; Shulman, S.; Sandoval, R.; Hovy, E. (2010). "Government 2.0: making connections between citizens, data and government". *Information Polity* 15(1).

Bonsón, E. et al. (2012). "Local e-government 2.0: social media and corporate transparency in municipalities". *Government Information Quarterly* 29.

Dixon, B. E. (2010). "Towards e-government 2.0: an assessment of where e-government 2.0 is and where it is headed". *Public Administration & Management* 15(2).

30. https://congressoemfoco.uol.com.br/temas/saude/coronavac-eficacia-butantan/

31. https://www1.folha.uol.com.br/equilibrioesaude/2021/01/eficacia-de-100-da--coronavac-contra-casos-graves-ainda-nao-tem-significancia-estatisca-diz-diretor-do-butantan.shtml

32. https://twitter.com/butantanoficial/status/1349727965970485250

33. https://twitter.com/butantanoficial/status/1349837863718940674

34. Veja-se, por exemplo: https://twitter.com/MBittencourtMD/status/1349049155323392000

35. https://www.poder360.com.br/coronavirus/17-512-morreram-de-covid-depois--de-tomar-2a-dose-da-vacina-no-brasil/

36. https://twitter.com/butantanoficial/status/1381737397382225927

37. https://butantan.gov.br/noticias/entenda-a-diferenca-entre-terceira-dose-e-dose-de-reforco-das-vacinas-de-covid-19-e-o-que-isso-tem-a-ver-com-as-variantes-do-sars-cov-2

38. https://butantan.gov.br/noticias/e-consenso-que-a-terceira-dose-da-coronavac-e-segura-e-trara-beneficios-diz-especialista-em-pediatria

39. Andrey Mir. (2020). *Postjournalism and the Death of Newspapers: the Media After Trump: Manufacturing Anger and Polarization.*

40. https://piaui.folha.uol.com.br/lupa/2019/03/29/guedes-previdencia-senado/

41. https://www.gazetadopovo.com.br/republica/relatorio-de-cpmi-classifica-gazeta-do-povo-como-fake-news/

42. https://www.poder360.com.br/congresso/cpi-da-covid-pede-quebra-de-sigilo-da-jovem-pan-e-de-sites-bolsonaristas/

43. https://piaui.folha.uol.com.br/lupa/2021/11/23/origem-historica-expressoes/

44. https://www.gazetadopovo.com.br/vozes/madeleine-lacsko/quem-checa-os-checadores-agencia-espalha-desinformacao-sobre-expressoes-racistas/

45. https://www1.folha.uol.com.br/colunas/leandro-narloch/2021/11/fake-news-historicas-na-grande-imprensa.shtml

46. Nome dado à autorização que a Igreja Católica emitia para a impressão de um livro.

10. O cativeiro da bondade

1. Coluna de 27/05/2021. Disponível em: https://veja.abril.com.br/blog/fernando-schuler/licoes-de-democracia/

2. Ronaldo Porto Macedo Jr. (2017). "Liberdade de Expressão: que lições devemos aprender da experiência americana?". *Revista Direito GV* 13(1). P. 8. Disponível em: https://www.scielo.br/j/rdgv/a/tRnqx97GRkqny4L77JFGBTx/abstract/?lang=en

3. Nem sei o quanto ele concordaria comigo aqui, mas devo bastante ao Adriano Gianturco por essa e outras reflexões. Aliás, recomendo ao leitor interessado numa interpretação realista da política que verifique o seu excelente *A Ciência da Política: Uma Introdução*. Rio de Janeiro: Forense Universitária.

4. Para uma descrição dessa visão, ver Vincent Blasi. (1985). "The Pathological Perspective and the First Amendment". *Columbia Law Review* 85(4).

5. Essa ideia sobre a natureza da censura é importante, mas infelizmente não temos mais espaço para desenvolvê-la aqui. Para uma análise brilhante sobre o tema, recomendo Harry White. (1997). *Anatomy of Censorship: why the Censors Have it Wrong*. Lanham: University Press of America.

6. Alguns amigos liberais entendem que qualquer regulação das mídias sociais seria nociva; que a ação estatal seria sempre pior do que qualquer restrição da expressão implementada autonomamente pelas empresas de mídia social. O problema com esse argumento é que essa era já passou: o estado já está agindo, já está pressionando as redes sociais para aquiescer às suas demandas (ainda que informalmente). Nem entro no mérito aqui sobre regulação das redes sociais, tema que foge ao escopo do livro; apenas ressalvo que esse argumento encontra-se prejudicado pelos fatos.

7. Jonathan Rauch, op. cit., p. 6.

UM PEQUENO TRATADO SOBRE A LIBERDADE DE EXPRESSÃO

8. Há um debate a ser feito, evidentemente, sobre a incapacidade do estado brasileiro de punir devidamente o crime. Esse debate foge, no entanto, ao escopo do nosso tema aqui.

9. Alexis de Tocqueville. (1997). *O Antigo Regime e a Revolução*. Brasília: Editora UNB. P. 152. Na versão original, de 1856, p. 259, disponível em: https://www.gutenberg.org/files/54339/54339-h/54339-h.htm

10. Sobre autocensura e censura voluntária, ver George Orwell. (1972). "The freedom of the press". Disponível em: https://www.orwellfoundation.com/the-orwell-foundation/orwell/essays-and-other-works/the-freedom-of-the-press/

    E ainda: Elisabeth Noelle-Neumann. (1993). *The Spiral of Silence*. Chicago: The University of Chicago Press.

11. Conforme a minha transcrição: *"As co-producer of this program, along with Acel Moore, we are concerned that in the attempt to get at exposition... I hope that people can indeed, and I believe they can cut through some of the things that were said for affected impact and deal with perhaps the very important cause that we should all dedicate ourselves to in this country, that is, surviving pretty much together (...) I am concerned, and offended, if any viewers of this program were offended by the content, and I hope that everyone who views will accept it in the context of an attempt that we made to get some information to them"*.

12. Segundo uma jornalista que o conheceu. https://www.phillymag.com/news/2018/02/10/reggie-bryant-broadcast-journalist/

13. Como afirmou Potter Stewart, "a censura reflete a falta de confiança de uma sociedade em si mesma. Ela é a marca de um regime autoritário. Muito tempo atrás, aqueles que redigiram a nossa Primeira Emenda traçaram um outro caminho. Eles acreditavam que uma sociedade pode ser verdadeiramente forte apenas quando ela é verdadeiramente livre. No campo da expressão, eles colocaram a sua fé, para o bem ou para o mal, na escolha ilustrada do povo,

livre da interferência do dedo intrusivo do policial ou da mão pesada do juiz. (...) Um livro sem valor para mim pode transmitir algo de valor para o meu vizinho. Na sociedade livre com a qual a nossa Constituição nos comprometeu, cabe a cada um escolher por si mesmo".

Em *Ginzburg v. United States* (1966). No original: "(...) *if the First Amendment means anything, it means that a man cannot be sent to prison merely for distributing publications which offend a judge's esthetic sensibilities* (...) *Censorship reflects a society's lack of confidence in itself. It is a hallmark of an authoritarian regime. Long ago, those who wrote our First Amendment charted a different course. They believed a society can be truly strong only when it is truly free. In the realm of expression, they put their faith, for better or for worse, in the enlightened choice of the people, free from the interference of a policeman's intrusive thumb or a judge's heavy hand* (...) *A book worthless to me may convey something of value to my neighbor. In the free society to which our Constitution has committed us, it is for each to choose for himself*". Disponível em: https://supreme.justia.com/cases/federal/us/383/463/

CONFIRA OUTROS LIVROS

AVIS RARA

RODRIGO CONSTANTINO

PENSADORES DA LIBERDADE

RAFAEL FONTANA
CHINOBYL

**UMA JORNADA PELAS ENTRANHAS DA
DITADURA COMUNISTA**

Avis Rara

GUILHERME FIUZA
PASSAPORTE 2030

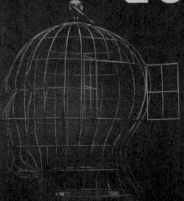

O SEQUESTRO SILENCIOSO
DA LIBERDADE

ASSINE NOSSA NEWSLETTER E RECEBA
INFORMAÇÕES DE TODOS OS LANÇAMENTOS

www.faroeditorial.com.br

CAMPANHA

Há um grande número de portadores do vírus HIV e de hepatite que não se trata. Gratuito e sigiloso, fazer o teste de HIV e hepatite é mais rápido do que ler um livro.

FAÇA O TESTE. NÃO FIQUE NA DÚVIDA!

ESTA OBRA FOI IMPRESSA
EM JUNHO DE 2022